Weserbergland

INHALTSVERZEICHNIS

Märchenland

Auf Grimm'schen Spuren durch traumhafte Natur

Malerische Täler, schroffe Anhöhen, kunstvolle Städtchen und mythische Orte – das Weserbergland bietet einen facettenreichen Natur- und Kulturraum, der mit vielfältigen Möglichkeiten für Aktivurlauber und erholsamen Zielen für Ruhesuchende zu einer der attraktivsten Regionen des deutschen Mittelgebirgsraumes geworden ist.

Facettenreiches Relief

Die vielfältige Mittelgebirgsregion des Weserberglandes erstreckt sich vom Weserursprung in Hann. Münden bis zum „Tor Westfalens" im Norden, der Stadt Porta Westfalica. Im Westen wird die Region von den Höhenzügen des Eggegebirges und des Teutoburger Walds begrenzt. Im Osten bilden die Leine und das Leinebergland die natürliche Abgrenzung.

Hügelland und klippenartige Felsformationen geben den Anhöhen ihr charakteristisches Bild, während der idyllische Weserlauf die Talebene prägt. Große Flächen der Region machen Naturparks aus, in denen man eine artenreiche Fauna und Flora vorfindet – ein wahres Paradies für Wanderer und Radfahrer, die den abwechslungsreichen Naturraum auf geschichtsträchtigen Wegen durchstreifen können.

Märchenhaftes Land

Im Weserbergland wandelt man im wahrsten Sinne durch ein „Märchenland". Auf den Spuren der Gebrüder Grimm erkundet man die mystischen Stätten der deutschen Volksmärchen. Verwunschene Wälder, sagenumwobene Schlösser und geheimnisumwitterte Burgen werden zur Bühne der alten Geschichten. Die Sagen von Frau Holle, Widukind oder Aschenputtel sind allgegenwärtig und eng mit der Tradition des Weserberglandes verbunden.

Interessanter Kulturraum

Neben schöner Natur und geschichtsträchtigen Orten bietet die Region pittoreske alte Städtchen, deren Erscheinungsbild vom prunkvollen Weserrenaissance-Baustil geprägt ist. Wunderbare Fachwerkfassaden und alte Monumentalbauten geben den Städten ihr reizvolles Bild. Hameln steht ganz im Zeichen des berühmten Rattenfängers, während der „Lügenbaron" Münchhausen in Bodenwerder sein Unwesen treibt. In Hann. Münden kuriert Dr. Eisenbart noch immer „wie's ihm gefällt". Mittelalterliche Märkte und altes Brauchtum – wie die brennenden Osterräder von Lügde – lassen die Vergangenheit feierlich aufleben und machen das Weserbergland zu einer Region zwischen Tradition und Moderne.

▶ *Osterräderlauf.*

STECKBRIEF

Lage:
- Teile des südlichen Niedersachsens, östlichen Westfalens und nördlichen Hessens. Neben den gebirgigen Anhöhen gehört die Talebene beiderseits der Weser dazu.

Verwaltung:
- Bundesländer: Nordrhein-Westfalen, Niedersachsen, Hessen
- Landkreise: Göttingen, Hameln-Pyrmont, Hildesheim, Holzminden, Höxter, Minden-Lübbecke, Northeim, Schaumburg

Fläche:
- ~ 2.200 km²

Bevölkerung:
- ~ 400.000 Einwohner

Naturschutzgebiete:
- Nördlicher Ith (1.965 ha), Emmerthal (586 ha), Saupark (687 ha) und Hochmoor Mecklenbruch (63 ha)

Naturparke:
- Solling-Vogler, Weserbergland Schaumburg-Hameln, Münden, Teutoburger Wald/Eggegebirge

Höchster Berg:
- Große Blöße im Solling (528 m ü. NN.)

Größte Städte:
- Minden (82.400 Ew.), Hameln (57.900 Ew.), Bad Oeynhausen (48.500 Ew.)

Wichtigster Hafen:
- Minden

Klima:
- Übergang vom maritimen zum kontinentalen Klima
- milde Winter, gemäßigte Sommer

Tourismus:
- seit 2010 größter Zuwachs unter den deutschen Mittelgebirgen

Weserbergland kompakt

Die besten Reiserouten

Facettenreich verbindet das Weserbergland Natur, Kultur und lebendige Historie. In dem beeindruckenden landschaftlichen Relief warten reizvolle Fachwerkstädte, mystische Stätten und prunkvolle Weserrenaissancebauten auf ihre Entdeckung. Spannende Tourenvorschläge und Ausflugstipps gibt es im Folgenden. Die Zahlen in der Karte zeigen, wo die jeweiligen Ausflüge hinführen.

Tour: Sagengestalten und Erlebnispark an zwei Tagen

Erster Tag: Lügenbaron und Rattenfänger

In **Bodenwerder** ❶ treibt noch immer der Baron von Münchhausen sein Unwesen. Der illustre Adlige taucht vielenorts auf, während man bei einem Stadtrundgang auch seinen einstigen Gutshof kennenlernt. Das Münchhausen-Museum zeichnet seinen bewegten Werdegang mit zahlreichen Exponaten nach – darunter natürlich auch die berühmten Reiseerzählungen, die ihm den Spitznamen „Lügenbaron“ eintrugen. Auf der Deutschen Fachwerkstraße geht es weiter durch das beschauliche Emmerthal, wo sich mit **Schloss Hämelschenburg** ❷ das imposante Hauptwerk der Weserrenaissance befindet. Originalmöblierung und alte Kunstgegenstände geben einen authentischen Einblick in das einstige Adelsleben.

Den Tag beschließen kann man beispielsweise in **Hameln** ❸. Hier ist nach wie vor der Rattenfänger allgegenwärtig, dem sich die Freilichtspiele und das Musical „Rats“ widmen. Kreationen wie „flambierte Rattenschwänze“ oder der „Rattenkiller“ geben einen kulinarischen Einblick in die Rattenfängerstadt.

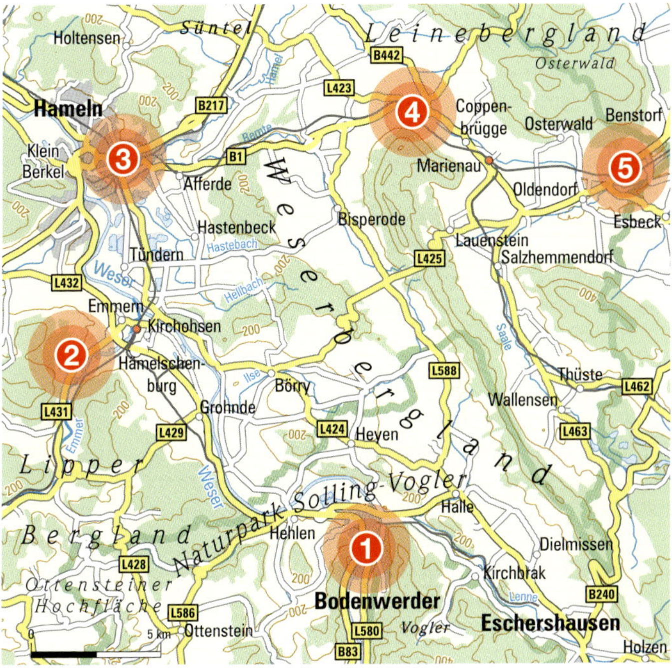

▶ *Tour: Sagengestalten und Erlebnispark an zwei Tagen.*

Zweiter Tag: Coppenbrügge und Rasti-Land

Am zweiten Tag geht es zunächst nach **Coppenbrügge** 4, das sich reizvoll in die schöne Landschaft des Ith einbettet. Inmitten schöner Natur befindet sich die gut erhaltene Ruine der Wasserburg Coppenbrügge. Die historischen Mauern der einstigen Feste zeugen von einer wechselvollen Geschichte. Im Inneren befindet sich ein interessantes Museum, nach dessen Besuch sorgt das Café im Gewölbekeller für Stärkung. Anschließend geht es nach Osterwald, wo der spaßige **Freizeitpark Rasti-Land** 5 mit zahlreichen Attraktionen aufwartet. Bei der Wasserschlacht und Wildwasserbahn ist jede Menge Spaß im kühlen Nass angesagt, während sich Wagemutige vom Freifallturm oder die rasante Bobkart-Bahn hinabstürzen. Wer an diesem Tag noch nicht genug hat: Unweit des Parks lohnt auch das Besucherbergwerk „Hüttenstollen" einen Besuch. In der faszinierenden Welt „unter Tage" bekommt man einen interessanten Einblick in über 140 Millionen Jahre Erdgeschichte und das mühsame Handwerk der einstigen Bergarbeiter.

Tour: Renaissance und Märchenschlösser an zwei Tagen

Erster Tag: Weserrenaissance und Porzellan

Zwischen Solling und Vogler befindet sich mit **Bevern** 1 ein wahres Kleinod der Weserrenaissance. Hinter der reich verzierten Fassade des Schlosses verbirgt sich die Erlebniswelt Renaissance, die mit multimedialer Aufmachung den Werdegang des einstigen Burgherren Statius von Münchhausen nachzeichnet und die wichtigsten Ereignisse der Renaissance-Zeit Revue passieren lässt. Entlang der Straße der Weserrenaissance geht es über Holzminden weiter nach Höxter. Die Stadt am Rande des geschichtsträchtigen Teutoburger Waldes beherbergt das alte **Schloss Corvey** 2. Die Anlage gilt als eine der bedeutendsten Klostergründungen des Mittelalters. Im Museum erfährt man mehr zur Geschichte und der historischen Bedeutung des Schlosses. Anschließend geht es noch in das weiter südlich gelegene **Fürstenberg** 3 mit seiner Porzellanmanufaktur. Diese produzierte lange Jahre in der gleichnamigen Schlossanlage, in der sich nun ein Porzellanmuseum und der Werksverkauf des Traditionsunternehmens befinden.

Zweiter Tag: Rapunzel und Dornröschen

Die erste Station des zweiten Tages bildet das Burganwesen von **Trendelburg** 4, von dem einst Rapunzel ihr langes Haar heruntergelassen haben soll. Die Feste sicherte früher die Handelswege der Bistümer und Landgrafschaften. Anschließend geht es an der mystischen Wallfahrtskirche Gottsbüren vorbei zum **„Dornröschenschloss" Sababurg** 5. Die Feste wurde einst zum Schutz der Pilgerwege errichtet und liegt inmitten eines frei zugänglichen Naturschutzgebietes. Darin befindet sich auch der Tierpark Sababurg, der 1571 von Kaiser Wilhelm IV. gegründet wurde und damit zu den ältesten in Europa zählt.

▶ *Trendelburg.*

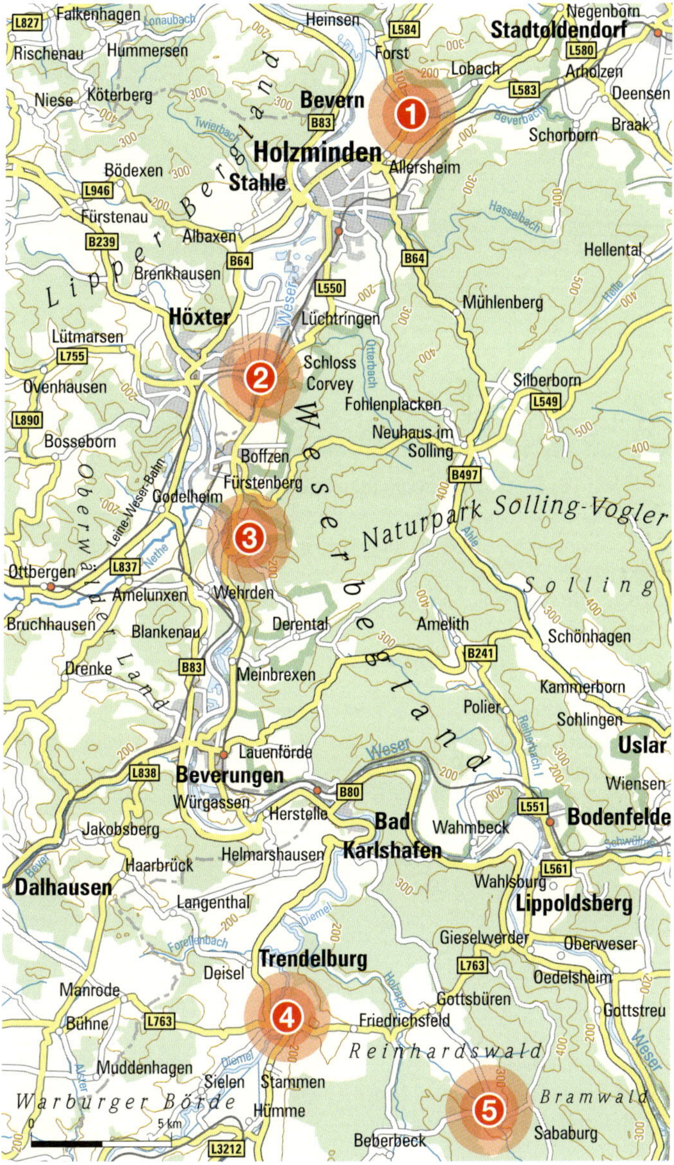

► *Tour: Renaissance und Märchenschlösser an zwei Tagen.*

Übernachten
Hotels, Camping & Co.

Von beschaulichen Berghütten über günstige Jugendherbergen und Wanderheime, schönen Campingplätzen und Ferienwohnungen bis hin zu charmanten Hotels in alten Fachwerkbauten reicht das Übernachtungsangebot im Weserbergland. Die Unterkünfte reichen von rustikal bis stilvoll und bieten das Richtige für jeden Geschmack.

Hotels und Pensionen
Im Weserbergland kann man je nach Laune in den idyllischen ländlichen Regionen „absteigen" oder eines der prächtigen Fachwerkhäuser der Städte beziehen. Da die Region beständig starken Zuwachs an Feriengästen verzeichnet, ist es insbesondere während der Hochsaison und Ferienzeit sinnvoll, vorab eine Reservierung zu tätigen. Wer Erholung sucht, ist in den zahlreichen Wellnesshotels der Kurorte bestens aufgehoben. In den zugehörigen Solequellen, Thermen und Heilwassereinrichtungen kann man Körper und Geist in Einklang bringen. In wahrhaft königlichem Ambiente residiert man in einem der Schlosshotels, die fürstlichen Komfort an geschichtsträchtigen Stätten bieten. Für Aktivurlauber lohnen sich die Sporthotels mit ihren vielfältigen Angeboten, Fitness- und Sporteinrichtungen. Für Reisende, die auf zwei Rädern unterwegs sind, gibt es spezielle Bed & Bike-Unterkünfte.

Ferienwohnungen und Privatzimmer
In der Weserregion herrscht eine lange Tradition der Gastfreundschaft, gewachsen in der Zeit, als

sich hier verschiedene Handelswege kreuzten. Die vielen kleinen Märkte schufen eine feingliedrige Struktur, die sich heute in einem breiten Angebot kleiner Ferienwohnungen und privater Zimmer niederschlägt. In beinahe jedem Ort finden sich Hinweistafeln auf mögliche Unterkünfte. Ein vollständiges Gastgeberverzeichnis halten die jeweiligen Tourist-Informationen bereit.

Hütten, Wanderheime und Jugendherbergen

Die Region bietet sich nicht nur landschaftlich für Wandersleute an. Die Wege sind von zahlreichen Wanderheimen (Übernachtungen ab 2,50 €) gesäumt. In höheren Lagen finden sich schöne Hütten entlang des Weges, in denen man Rast machen oder übernachten kann. Die meisten sind Mitglieder des DAV. Aufgrund der guten Erreichbarkeit werden die Unterkünfte den Großteil des Jahres bewirtschaftet. Mit insgesamt neun Jugendherbergen bietet das Weserbergland auch für Jugendliche und junge Familien eine preisgünstige Alternative (bis 26 J. Übernachtung mit Frühstück ab ca. 20 €).

Camping

Die Campingplätze des Weserberglands liegen inmitten traumhafter Natur, zumeist entlang der Weser oder einem ihrer Zuflüsse. Wer es aussichtsreicher mag, findet in den hügeligen Ebenen und den Mittelgebirgszügen weitere Plätze mit dichten Wäldern und schönen Anhöhen. Für Wohnmobile stehen spezielle Reisemobilparks mit gesonderten Stellplätzen zur Verfügung, die sich vornehmlich in Flussnähe befinden und eigens für Durchreisende gedacht sind.

Familien

Wer mit „Kind und Kegel" unterwegs ist, darf sich im Weserbergland besonders gut aufgehoben wähnen. Einige Gastgeber bieten besonders familienfreundliche Unterkünfte, die kindgerecht eingerichtet und teilweise für fünf oder mehr Personen ausgelegt sind. Wer den ländlichen Charme der Region genießen will, macht rustikalen „Urlaub auf dem Bauernhof" mit vielen Tieren und spannenden Unternehmungen für die Kleinen. Ein nostalgisches Erlebnis sind die urigen Heuhotels, in denen man sein Schlaflager im Heu von hergerichteten Scheunen oder Dielen aufschlägt. Wer sich einen Kindheitstraum erfüllen möchte, kann im Baumhaushotel Solling direkt unter den Wipfeln der Bäume unterkommen, ohne auf Komfort wie Elektrizität und Heizung verzichten zu müssen (siehe auch S. 46).

Nützliche Internetlinks:

www.weserbergland-tourismus.de/unterkuenfte
www.weserbergland.com
www.urlaubsregionen.de/weserbergland
www.dav-huettensuche.de

Essen & Trinken

Von rustikal bis raffiniert

Wie das Land, so ist auch die Küche des Weserberglandes sehr facettenreich. Neben fangfrischem Fisch stehen feine Wildspezialitäten, bodenständige regionale Gerichte und kreative Kreationen mit kulturellem Hintergrund auf der Speisekarte. Getrunken werden Biere, Fruchtweine und einige exotischere Alkoholika.

Hausmannskost und Wildspezialitäten

Die traditionell kräftigen Gerichte der Region bekommt man nur noch in den ländlichen Gemeinden. Darunter gibt es Klassiker wie Kassler mit Sauerkraut und Kartoffelgerichte mit Mett und Zwiebeln, wie sie im Solling typisch sind. Charakteristisch sind die Wildspezialitäten vom Hirsch, Reh oder Wildschwein, die mit schmackhaften Soßen gereicht werden. In traditionsbewussten Häusern wird Schaumburger Hochzeitssuppe serviert – eine schmackhafte Rinderbrühe mit Gemüse und Kräutern verfeinert. Eine Spezialität des Hamelner Restaurants Rattenfängerhaus sind die „flambierten Rattenschwänze": raffiniert gewürzte Schweinefiletstreifen, die spektakulär vor den Augen des Gastes zubereitet werden. Im Uslarer Land hat das gesellige Pekeressen Tradition, bei dem Kartoffelhälften mit Pekermett, Butter und Salz gereicht werden. Eine ostwestfälische Eigenheit ist der pfannkuchenartige „Lippischer Pickert", der mit süßen oder herzhaften Aufstrichen gegessen wird. Ein weiteres „Arme-Leute-Essen" ist der „Pfannenschlag" – eine mit Salz, Piment und Pfeffer gewürzte Grützwurst.

Feine Fischgerichte

Entlang der Weser orientieren sich die Fischgerichte einerseits an den Gepflogenheiten der Nord- und Ostsee, andererseits halten vermehrt südländische Einflüsse Einzug. Auf den Teller kommen unter anderem Scholle, Butt, Hering oder Makrele, teilweise aber auch Aal und Forelle. Als Beilage wird gerne saisonales Gemüse serviert.

Heilwasser, Wein und Bier

Das als „Bad Pyrmonter" abgefüllte Mineralwasser weist besonders viele Spurenelemente und Mineralstoffe auf und findet auch als Heilwasser Anwendung. In dem Gebiet Rühler Schweiz nahe Bodenwerder werden hervorragende Obstweine angebaut. Dabei trifft man sich in den Obsthöfen von Rühle und Golmbach zum traditionellen Kirschweinumtrunk. In Stadthagen und Bückeburg wird gerne der „Schaumburger Landwein" getrunken, der sich entgegen erster Vermutungen als Magenbitter (30 %) herausstellt. Ein weiterer hochprozentiger Vertreter ist der „Alte Burggeist" (34 %), ein Likör aus 27 verschiedenen Kräutern. Martial geht es dahingegen in Hameln zu, wo gerne der „Rattenkiller" (50 %) kredenzt wird. Auch Hann. Münden zollt seinem berühmtesten Sohn mit dem „Doktor-Eisenbarth-Likör" (18 %) Tribut. Bekannt ist das Weserbergland zudem für sein hervorragendes Bier. Empfehlenswert sind das „Bergbräu"-Bier der Privatbrauerei Haffner in Uslar und die Erzeugnisse des traditionellen Brauortes Einbeck.

REGIONALE SPEZIALITÄTEN

Grünkohl mit Pinkel – traditionelles Gericht mit geräucherter Grützwurst
Nenndorfer Schlamm – Schokoladenspezialität mit Mandeln
Peker – Kartoffeln mit Mett und Zwiebeln
Flambierte Rattenschwänze – Hamelner Schweinerückenfiletstreifen
Gegarter Grünkohl mit Bregenwurst – rohe/leicht geräucherte Mettwurst
Welfenspeise – zweischichtige Süßspeise aus Eiweißschaum und Weincreme

Kaffee und Rittermahle

Nachmittags trifft man sich im Weserbergland gerne zu Kaffee und Kuchen. Besonders reizvoll sind die klassischen Hof-Cafés, eine kultige Alternative sind Häuser wie das Café Aegidius in einer einstigen Kirche oder das Bistro 37 im Look einer Bahnstation in Hann. Münden. Mittalalterlich rustikal wird dahingegen beim Rittermahl geschlemmt, das im stimmungsvollen Ambiente der zahlreichen Burg- und Schlossrestaurants stattfindet.

PREISNIVEAU

Tasse Kaffee	2,50 €
Stück Kuchen	2,50 €
Rotwein (1/4 l)	4,00–6,00 €
Einfache Mahlzeit	ab 5,50 €
3-Gänge-Menü	ab 25,00 €

Sport & Freizeit
Aktiv im Sommer und Winter

Der abwechslungsreiche Naturraum des Weserberglands lädt mit seinem vielseitigen Relief zu unterschiedlichen sportlichen Aktivitäten ein. Neben ausgedehnten Wanderungen und Kletterrouten bieten sich tolle Wassersportmöglichkeiten, Trendsportarten und reizvolle MTB- und Motorradtouren an.

Wandern – Natur und Kultur

Die traumhafte Natur, die vom idyllischen Flusslauf bis zur steilen Felsklippe reicht, wird von einem dichten Netz von Wanderwegen durchzogen.

Auf den Spuren der Gebrüder Grimm geht es zu den Schauplätzen von Märchen und Sagen. In den verwunschenen Hochmooren, Wildparks und Urwäldern finden sich sagenumwobene Schlösser und Burgen. Der neu ausgeschilderte Weserberglandweg führt auf rund 200 km von Hann. Münden nach Porta Westfalica durch die gesamte Region.

Radfahren / MTB

Auch Radfahrer und Mountainbiker genießen die Vielfalt der Strecken entlang des idyllischen Weserlaufs und der bewaldeten Mittelgebirgsanhöhen. In der Mountainbike-Region Naturpark Solling-Vogler findet man 16 Rundtouren auf einer Strecke von 760 km mit über 14.000 Höhenmetern. Das Spektrum reicht von familientauglichen Fahrten bis zu anspruchsvollen Routen für Profis. Besonders leicht geht es mit E-Bikes voran, für die ein gesondertes Tourenangebot besteht. Die elektronisch unterstützten Fahrräder können an zahlreichen Standorten ausgeliehen werden. Akkuwechselstationen sorgen dafür, dass der zusätzliche Schub unterwegs nicht ausgeht. Eine Vielzahl spezieller Bed & Bike-Angebote sorgt für radfreundliche Unterkünfte an der Strecke. Mit dem Weser-Radweg und dem Europa-Radweg führen wunderbare Fernradwege durch die gesamte Region. Der Deisterkreisel und die Schaumburger Entdeckerrouten bieten lohnenswerte Alternativen.

Klettern

Das Weserbergland hält mit dem Ith, Thüster Berg und dem Solling hervorragende Höhenzüge für ausgiebigen Kletterspaß bereit. Vielfältige Routen mit anspruchsvollen Kletterfelsen stellen auch ambitionierte Alpinisten auf die Probe.
Die über 20 km langen Ith-Klippen haben sich über die Region hinaus einen Namen gemacht. Die Lüerdissener Klippen erreichen mit 30 Metern eine imposante Höhe und fordern mit starken Überhängen und hohen Schwierigkeitsgraden auch Kletter-Veteranen. Außerdem finden sich schöne Hochseilgärten, beispielsweise der TreeRock-Abenteuerpark im Hochsolling oder der Kletterwald am Finkenborn bei Hameln, in denen nicht nur Familien mit Kindern beim Klettern in luftiger Höhe ins Schwitzen kommen.

Nordic Walking

Der finnische Volkssport erfreut sich ebenfalls stetiger Beliebtheit. Das abwechslungsreiche Terrain des Weserberglands ermöglicht schöne Runden für jeden Geschmack.
Der Nordic-Walking-Park Weserbergland umfasst eine Vielzahl an ausgezeichneten Strecken in drei Schwierigkeitsgraden. Immer mehr Städte beteiligen sich an dem Park und richten die entsprechende Infrastruktur ein.

Wassersport

Auf den traumhaften Wasserflächen erlebt man die Landschaft bei naturnaher Action von einer ganz neuen Seite. Mehr als 200 km Wasserwege stehen auf Weser und Emmer für ausgiebige Kanu- und Bootsfahrten zur Verfügung. Zwischen Hann. Münden und Minden sorgen über 60 Kanuanleger für Spaß auf der Weser. Erfrischung im kühlen Nass versprechen die Badeseen in der Freizeitanlage Höxter-Godelheim, der Doktorsee bei Rinteln, das Freizeitzentrum Borlefetzen, sowie der Humboldtsee und das Naturerlebnisbad Lauenstein bei Salzhemmendorf.

Wintersport

In den Kurorten Silberborn und Neuhaus im Hochsolling erlebt man eine traumhafte Winterlandschaft mit idealen Bedingungen zum Langlaufen und Rodeln. Elf Loipen mit einer Länge zwischen 4 und 17 km sowie einige kleine Liftanlagen stehen zur Verfügung, die das Weserbergland somit zu einem kleinen, aber feinen Wintersportstandort machen.

Von A bis Z
Praktische Reiseinformationen

Mit der richtigen Vorbereitung macht der Urlaub im Weserbergland gleich doppelt Spaß. Welche Verkehrsmittel bieten sich an? Was ist die beste Jahreszeit und was bringt man den Freunden mit? Von A wie Anreise über K wie Klima, W wie Weserschifffahrt bis S wie Souvenirs – alle wichtigen Informationen auf einen Blick.

Anreise mit dem Auto

Durch das Herz des Weserberglands führt bis heute keine Autobahnstrecke, lediglich die Randgebiete lassen sich so erreichen. Porta Westfalica, am nördlichen Ende der Region, liegt an der Ost-West-Achse A2/A30, während das an der A7 gelegene Hann. Münden die Südspitze des Weserberglandes markiert. Via der A7 lässt sich das Gebiet entlang der Ostseite umfahren. Im Westen führen die A44 und A33 vorbei, ehe man auf die A2 trifft. Das Weserbergland selbst ist mit gut ausgebauten Bundesstraßen erschlossen. Die B80 führt von Hann. Münden in das zentral gelegene Bad Karlshafen. Der über 40 km lange Verlauf entlang des malerischen Weserufers brachte der Strecke den Beinamen „Wesertalstraße" ein. Die „Hauptstraße" des Weserberglandes ist allerdings die B83, die Bad Karlshafen über Hameln und Höxter mit Minden verbindet und zu den am höchsten frequentierten Verkehrsadern der Region zählt. Dort kreuzt sie mit der B65 die Verbindung von Minden, Bückeburg, Stadthagen und Hannover - eines der wichtigsten Ballungszentren der Umgebung. Quer durch das nördliche Weserbergland verläuft die transnationale B1, die von der niederländischen bis zur polnischen Staatsgrenze reicht.

In der Weserregion teilt die Straße zunächst Aerzen, ehe sie in Hameln das Weserufer wechselt. Eine weitere wichtige Verbindung stellen die B239 und die B238 her, die von Höxter am Naturpark Solling-Vogler bis hinauf nach Rinteln an den Nordrand der Region führen.

Anreise mit der Bahn

Die beste Anbindung an den nationalen und internationalen Bahnverkehr bieten die Bahnhöfe Hannover, Paderborn, Göttingen und Bielefeld. Die Anreise mit dem ICE geschieht über die Bahnhöfe Hannover und Hildesheim. Für eine Mittelgebirgsregion ist das Schienennetz gut ausgebaut und eine echte Alternative zum Auto. Das gilt insbesondere für die touristischen Hochburgen wie Hameln-Pyrmont.

Anreise mit dem Flugzeug

Die nächstgelegenen internationalen Flughäfen sind Hannover-Langenhagen und Paderborn-Lippstadt. Vom Flughafen Paderborn besteht eine direkte Anbindung an das Regionalzug-Netz der Deutschen Bahn. Der Flughafen Hannover verfügt darüber hinaus über eine S-Bahn-Verbindung nach Hameln.

Ermäßigungen

Sparen kann man vor allem bei Pauschalangeboten, die Übernachtungen inklusive zusätzlicher Freizeitaktivitäten anbieten. Diese können entweder zusammen mit der Unterkunft oder auf den touristischen Internetseiten der Region gebucht werden.

▶ *Wandern im Weserbergland.*

Internetpräsenzen

Nützliche Informationen rund um das Weserbergland findet man im Internet:

FEIERTAGE

Neujahr *(1. Januar)*
Karfreitag
Ostermontag
Tag der Arbeit *(1. Mai)*
Christi Himmelfahrt
Pfingstmontag
Fronleichnam (Hessen und NRW)
Tag der Deutschen Einheit *(3. Okt.)*
Allerheiligen (NRW) *(1. November)*
Weihnachten *(25./26. Dezember)*

www.weserbergland-tourismus.de – Offizielle Seite des Weserbergland Tourismus e.V. mit vielen Infos zu Orten und Sehenswürdigkeiten.
www.westliches-weserbergland.de – Touristische Seite von Hessisch Oldendorf, Rinteln, Aerzen und dem Auetal mit Informationen zum Wandern und Radfahren sowie zu Kultur und Natur.
www.weserbergland.com – Informative Seite, die sich unter anderem dem Weser-Radweg und der Weserrenaissance widmet.
www.weserbergland-nachrichten.de – Tägliche Regionalnachrichten für das Weserbergland.
www.dewezet.de – Offizielle Seite der Deister- und Weserzeitung mit den aktuellsten Informationen der Region.
www.weser-radweg.de – Domain des Weser-Radwegs.

Klima und Reisezeit
Dank des gemäßigten Mittelgebirgsklimas lohnt das Weserbergland über das gesamte Jahr hinweg einen Besuch. Die verschiedenen Jahreszeiten verleihen der Region ihren ganz besonderen Reiz. Im Frühjahr gedeihen prächtige Blumenwiesen, und die Obstblüte gibt der Landschaft ein eigenes Gesicht. Über die Sommermonate bieten Flüsse und Seen reichlich Badespaß und optimale Bedingungen für Wassersport, während die gemäßigten Temperaturen Raum für aktive Unternehmungen lassen.
Die beste Zeit für ausgedehnte Wanderungen ist allerdings der Herbst, wenn die sagenumwobenen Wälder in dichte Nebelschwaden getaucht sind und das bunte Laub für einen stimmungsvollen Rahmen sorgt. In den Wintermonaten bleibt

KLIMADIAGRAMM Hameln (66 m ü. NN)

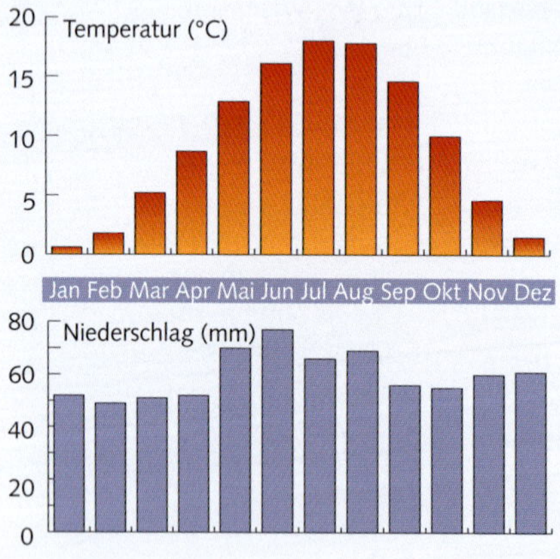

Monat	mm	°C
Jan	63	1,8
Feb	42	2,1
Mar	58	5,2
Apr	48	8,5
Mai	59	13,3
Jun	71	15,8
Jul	67	17,8
Aug	66	17,6
Sep	60	14,0
Okt	53	9,8
Nov	59	5,5
Dez	73	3,1
Jahr	**718**	**9,5**

es in den Talebenen mild, lediglich die seitlichen Höhenlagen befinden sich im festen Griff des Winters.

Notruf

Polizei, Tel.: 1 10
Feuerwehr/Rettungsdienst, Tel.: 1 12
ADAC-Pannenservice, Tel.: 0 18 02 / 22 22 22

Öffnungszeiten

In sämtlichen größeren Städten haben die Geschäfte und Läden von Montag-Samstag durchgehend geöffnet. In kleineren Ortschaften ist teilweise über die Mittagszeit und am Samstagnachmittag geschlossen. In den touristischen Hochburgen haben Souvenirshops und Boutiquen oftmals auch am Sonntag geöffnet.

Souvenirs

Mitbringsel und regionale Erzeugnisse bekommt man in den zahlreichen Geschäften und Läden des Weserberglands. Besonders lohnenswert ist dabei ein Besuch der kleinen Hofläden im ländlichen Bereich, die Bio-Produkte direkt vom Bauern verkaufen.
In den Städten werden die obligatorischen Souvenirs angeboten: In Hameln bekommt man Ratten in allen erdenklichen Formen, während sich in Bodenwerder alles um den Baron von Münchhausen dreht.
In Hann. Münden kann man die eine oder andere „Arznei“ des Dr. Eisenbart erstehen.

Weserschifffahrt

Als ein besonderes Fortbewegungsmittel gilt die Personenschifffahrt auf der Weser. Neben Charter- und Ausflugsfahrten bietet die Flotte Weser die Möglichkeit, zwischen Bad Karlshafen und Bremen auf dem Wasserweg zu verkehren. Bei entsprechendem Wasserstand findet hier ein regelmäßiger Verkehr statt, der die Weser nicht nur aus einer gänzlich neuen Perspektive präsentiert, sondern auch eine stressfreie Alternative zu anderen Verkehrsmitteln darstellt. Mit dem Schiff erreicht man bequem die zahlreichen Sehenswürdigkeiten entlang des Flusslaufes der Weser.

TOURISTISCHE STRASSEN

Niedersächsische Mühlenstraße:
Die Route verbindet mehr als 250 liebevoll restaurierte und offen zugängliche Mühlen.

Westfälische Mühlenstraße:
43 restaurierte Mühlen liegen an dieser Ferienstraße im Kreis Minden-Lübecke.

Deutsche Märchenstraße:
Die auch landschaftlich schöne Strecke führt auf den Spuren der Grimm'schen Märchen durch das Weserbergland.

Deutsche Fachwerkstraße:
Die knapp 3.000 km lange Route verläuft durch zahlreiche Fachwerkstädte des Weserberglandes wie Stadthagen, Einbeck oder Hann. Münden.

Straße der Weserrenaissance:
Lohnenswerte Kulturroute, auf der man auf insgesamt 350 km die prächtige Architektur der Weserrenaissance entdecken kann.

Geschichte
Von den Römerschlachten bis zum Wirtschaftsraum Weser

Das Weserbergland blickt auf eine bewegte Historie zurück. Nach dem Widerstand gegen die Römer zerfiel das Weserbergland bis zum Mittelalter in mehrere politische Teile. Erst während der Renaissance und Moderne ließen regionale Identifikation und wirtschaftliche Interessen wieder zusammenwachsen, was zusammen gehört.

9 n. Chr.
Im Zuge der germanisch-römischen Auseinandersetzung bringen die Cherusker den römischen Legionen unter dem Feldherrn Varus im Teutoburger Wald eine vernichtende Niederlage bei.

775
Nach der Völkerwanderung besiedeln die Sachsen den Raum zwischen Rhein und Elbe und liefern sich erbitterte Auseinandersetzungen mit den Franken, die sich von der „Provincia Angaria" (dem Herrschaftsgebiet Engern) ausgehend im Weserbergland ausbreiten.

782/783
Karl der Große untersagt die Versammlungen der sächsischen Stämme, und das Gebiet wird zum Aufmarschgebiet der Fränkischen Heerscharen.

10. Jh.
Der politische Zerfall Engerns beginnt. Die unterschiedlichen Interessen der Dynastienfamilien spalten den Raum und sorgen für neue grenzübergreifende Verbindungen.

12. Jh.
Während die Bezeichnung „Engern" langsam verschwindet, kommen

zunehmend neue Adelsgeschlechter auf. Diese treiben zusammen mit den weltlichen Bischofsitzen die Neugliederung der Region voran. Der westfälische Einfluss breitet sich bis zur Weser aus, während am anderen Ufer anstelle von Ostfalen ein „neues Sachsen" entsteht.

13./14. Jh.
Im Zuge des späten Mittelalters breiten sich der Hochstifte Paderborn und Minden vom Westen, die Fürstentümer der Herzöge von Braunschweig-Lüneburg vom Osten und die Landgrafschaft Hessen vom Süden her im Weserbergland aus. Die verbliebenen kleineren Hoheitsgebiete gliedern sich im Zuge der einsetzenden Gebietsreform Schritt für Schritt in die großen Herrschaftsbereiche ein.

16. Jh.
Die Reformation spaltet das westliche Christentum in verschiedene Konfessionen. Beginnend mit dem Thesenanschlag am 31. Oktober 1517 verbreitet sich das lutherische Gedankengut wie ein Lauffeuer im damaligen Deutschland.
Die sozialen Unruhen, die in den Bauernkriegen (1524–26) gipfelten, sorgten auch im Weserbergland für tiefgreifende Veränderungen. Zahlreiche Hoheitsgebiete in der Region schließen sich der Reformationsbewegung an, was sich noch heute an den zahlreichen evangelischen Kirchengemeinden nachvollziehen lässt.

16.–19. Jh.
In den aufkommenden Städten prägt die Weserrenaissance die repräsentativen Anwesen und bürgerlichen Fachwerkhäuser. Der Handel auf dem Wasserweg bringt den Flussgemeinden Einnahmen aus Zöllen, Markt- und Stapelrechten. Die wirtschaftlichen Interessen vereinen den politisch gespaltenen Raum zusehends.

18. Jh.
Die Weseranrainer bemühen sich um eine Verbesserung der Infrastruktur, die politischen Grenzen behalten jedoch Bestand.

19. Jh.
Die „Weserschifffahrtsakte" (1823) reduziert die Zahl der Zollstellen und macht den Handel lukrativer. Im Zuge der Romantik und der deutschen Nationalbewegung wächst der Weserraum stärker zusammen. Mit Weserliedern wird Identifikationsgut geschaffen und zahlreiche „deutsche" Denkmäler werden geschaffen.

2004
Die Weserbergland AG wird gegründet. Der Zusammenschluss von Wirtschaft und öffentlicher Hand forciert die Vernetzung, Innovation und den gemeins. Wirtschaftsraum.

2011
Auf den Hannoverschen Klippen bei Würgassen wird der Weser-Skywalk eröffnet.

Kunst & Kultur

Weserrenaissance, weißes Gold und Grimm'sche Märchen

Das Weserbergland ist ein reichhaltiger Kulturraum, den die Weserrenaissance und sein Geschichtenreichtum prägen. Mit imposanten Bauwerken und mystischen Stätten ist es zum Schauplatz von Märchen und Sagen geworden. Brauchtum und Tradition erwecken illustre Figuren, wie den Rattenfänger oder den „Lügenbaron", zu neuem Leben.

Architektur

Der prägendste Baustil der Region ist die Weserrenaissance. Damit bezeichnet man die norddeutsche Profan- und Sakralbaukunst über den Zeitraum 1530–1630, deren filigrane Formen und reiche Verzierungen ihre Spuren entlang der Weser hinterlassen haben. Da der Baustil von sämtlichen gesellschaftlichen Schichten angenommen wurde, prägte die Weserrenaissance im wahrsten Wortsinne das Gesicht einer ganzen Region. Diese tiefe Verwurzelung von Tradition und Baukunst hat auch heute noch Bestand. Markantestes Stilelement sind die halbkreisförmigen „Fächerrosetten" an den Fassaden der Bürgerhäuser, Adelsanwesen, Schlösser und Kirchen. Die Fachwerkbauten tragen zumeist einen rautenförmigen Streifenputz und verfügen über seitliche Erkeranbauten, die man „Utlucht" nennt. Bekannte Anwesen sind das Rattenfängerhaus in Hameln und das Einbecker Rathaus mit dem Eulenspiegelbrunnen. Als Hauptwerk der Weserrenaissance gilt Schloss Hämelschenburg in Emmerthal. Einen Besuch lohnen auch Schloss Bevern oder Schloss Brake mit dem Weserrenaissance-Museum in Lemgo.

Weserporzellan

Ein historisch bedeutendes Erzeugnis der Region ist das „weiße Gold". Die 1747 gegründete Porzellanmanufaktur Fürstenberg zählt zu den renommiertesten Herstellern ganz Europas. Wenngleich die Produktion größtenteils aus den Gemächern des Schlosses ausgelagert wurde, finden sich dort in der Zwischenzeit schöne Ausstellungsräume und das Porzellanmuseum.

Märchen, Sagen und Krimis

Das Weserbergland stand mit seinen verwunschen Wäldern und imposanten Burgen für die bedeutendsten deutschen Sagen und die Grimm'schen Märchen Pate.
Von der Trendelburg soll einst Rapunzel ihr Haar heruntergelassen haben, während Dornröschen in der Sababurg in ihren 100-jährigen Schlaf fiel. Das Deutsche Märchen- und Wesersagenmuseum in Bad Oeynhausen thematisiert diesen reichen Kulturschatz. Und auch entlang der Deutschen Märchenstraße begibt man sich in die Welt der Brüder Grimm. In den Städten sind die sagenumwobenen Figuren aus Überlieferungen und Geschichten allgegenwärtig.
Ein relativ neuer Trend sind die regionalen Kriminalromane, die das Weserbergland als Schauplatz von Mordtaten und anderen Verbrechen aufgreifen.

Denkmäler

Charakteristisch für die Region sind die zahlreichen patriotischen Denkmäler. Die beiden wichtigsten finden sich an den Pforten des Weserberglands. Im Norden wacht das imposante Monument des Kaisers Wilhelm mit gebieterischer Geste über Porta Westfalica. Im Süden markiert der symbolträchtige Weserstein auf dem Hann. Mündener Tanzwerder den Ursprung des Weserflusses.

▶ *Im Museum Bodenwerder.*

Feste & Feiern

Rattenfänger und Lügenbaron

Das Weserbergland bietet eine Vielzahl historischer und regionsverbundener Festlichkeiten über den gesamten Jahreskreis. Neben Tradition und Brauchtum geben oft lokale Persönlichkeiten oder Sagencharaktere Anlass zu den stimmungsvollen Feiern. Märkte und Festspiele zaubern mittelalterliches Ambiente in die Region.

Karneval

Die beschwingtesten Feste finden im Weserbergland alljährlich zur Karnevalszeit statt. Bunt verkleidet und maskiert, übernehmen die „Jecken" die Herrschaft über die geschichtsträchtigen Innenstädte und ziehen begleitet von Musik in prächtigen Paraden durch die Gassen. Bis zum Aschermittwoch dauert der feucht-fröhliche Ausnahmezustand der „fünften Jahreszeit" an, ehe die Bürgermeister von Hameln, Rinteln & Co. symbolisch den Rathausschlüssel zurückbekommen und die Städte wieder zur Normalität zurückkehren.

Mittelalter erleben

Doch auch während der übrigen Jahreszeiten schlüpft das Weserbergland gerne in ein besonderes Gewand. Die Historie lebt in den Mittelaltermärkten weiter, wie sie unter anderem in Stadthagen, Bückeburg oder Aerzen stattfinden. Prächtige Festspiele in den imposanten Anwesen der Burgen und Schlösser versetzen die Besucher in die Zeiten von Rittern und Burgfräulein zurück und erwecken die bewegte Geschichte der alten Städte zu neuem Leben.
Zwei weitere imposante Festlichkeiten sind das traditionsreiche

Burgfest in Vlotho und das mittelalterliche Schlossspektakel von Bad Oeynhausen.

Feuriges Brauchtum

Zeuge einer ganz besonderen Ostertradition kann man in Lügde werden. Beim sogenannten Osterräderlauf werden Strohballen in überdimensionale Holzräder gepackt, entzündet und bei Anbruch der Nacht von den nahegelegenen Hügeln hinabgerollt. Der alte heidnische Brauch soll den Sieg der Sonne über die Winterkälte symbolisieren und läutet den Beginn des Frühlings ein. In den Radkranz wurden früher christianische Botschaften eingeschnitzt, die heute politisch-satirischen Sprüchen gewichen sind.

Besondere Persönlichkeiten

Neben Brauchtum und historischen Festen finden im Weserbergland zahlreiche Veranstaltungen statt, in denen die traditionsreichen Städte ihre berühmtesten „Bürger" feiern. Paradebeispiel hierfür ist Hameln, das ganz im Zeichen des bekannten Rattenfängers steht. Das Musical „Rats" widmet sich in einer modernen Darstellung dem Auszug der

▶ *Musical „Rats".*

▶ *Bodenwerder Lichterfest.*

Kinder, während die Rattenfänger-Freilichtspiele die Sage an Originalschauplätzen Revue passieren lassen. In Bodenwerder rückt der „Lügenbaron" in den Münchhausen-Festspielen, dem Münchhausen-Musical und dem Lichterfest ins Zentrum der Aufmerksamkeit. Die Doktor-Eisenbart-Spiele in Hann. Münden widmen sich dem bekannten Wanderarzt, der hier noch immer nach dem Motto „Ich kurier die Leut', wie es mir gefällt" praktiziert. Mit dem „Goldenen Sonntag" im September findet in Bad Pyrmont alljährlich das älteste deutsche Lichterfest statt, das den Ort in stimmungsvolle Atmosphäre taucht.

Weihnachts- und Adventsmärkte

Ein Highlight der Winterzeit sind die Weihnachtsmärkte des Weserberglands. Einer der schönsten findet über die gesamte Adventszeit hinweg in Hameln statt. Inmitten der Fachwerkbauten der Altstadt entfaltet sich der stimmungsvolle Lichterglanz.
Am ersten Adventswochenende empfiehlt sich ein Besuch auf Schloss Hämelschenburg. Die prachtvollen Weserrenaissance-Fassaden des imposanten Anwesens verleihen dem Weihnachtsmarkt eine ganz besondere Kulisse. Höhepunkt der Vorweihnachtszeit

ist allerdings die „Märchenhafte Weihnachtsreise“ in Hann. Münden und Umgebung. Dabei führen Märchenfiguren und historische Persönlichkeiten durch das mehrtägige Programm, das Besinnlichkeit und Gaumenfreuden verbindet.

Erntedank

Eine der wichtigsten Feierlichkeiten der Region ist das Erntedankfest, dem gerade im ländlichen Raum eine große Bedeutung zukommt. Dabei feiert die Bevölkerung die erfolgreiche Ernte und dankt Gott für seine Gaben. Besonders stimmungsvoll ist das Schaumburger Erntedankfest, das mit einem Umzug in alter Tracht gefeiert wird. Der Erntekranz, der einstmals zum Schutz vor Krankheit und Feuer an den Türen aufgehängt wurde, wird heute in den Festzelten hochgezogen, um darunter zu tanzen.

▶ *Baron von Münchhausen.*

FESTE IM JAHRESKREIS

Januar
- Prinzenball Hessisch Oldendorf

Februar
- Karneval
- Ostereiermarkt Fürstenberg

April
- Hamelner Tanztage
- Frühjahrsmarkt Bad Oeynhausen
- Osterfeuer Schönhagen
- Osterräderlauf Lügde
- Kirschblütenfest Rühler Schweiz

Mai
- Rapsblütenfest Ottenstein

Juni
- Traditionelles Meilerfest Uslar

Juli
- Historischer Fürstentreff
- Mittelalterliches Phantasie-Spectaculum Bückeburg

August
- Marktschreiertage in Bad Karlshafen
- Lichterfest Bodenwerder
- Märchenhaftes Dorffest Gieselwerder
- Parklichter Bad Oeynhausen

September
- Goldener Sonntag Bad Pyrmont
- Hochsollinger Herbstmarkt Silberborn
- Pekermarkt Uslar

Oktober
- Herbst und Bauernmarkt Bad Oeynhausen/Hameln

November
- Aschenputtel Adventsmarkt Polle
- Weihnachtsmärkte
- Martinimarkt Hessisch Oldendorf

Dezember
- Romantischer Weihnachtsmarkt Lügde
- Märchenhafte Weihnachtsreise Hann. Münden

Natur & Umwelt

Flussauen und Bruchschollen

Beim Weserbergland handelt es sich um einen von Fichten-, Buchen- und Eichenwäldern bedeckten Mittelgebirgszug. Die ursprüngliche Natur schafft ein vielfältiges Landschaftsbild, das von bewaldeten Anhöhen über schroffe Klippen bis hin zu idyllischen Talebenen reicht. Die Region ist der Lebensraum einer artenreichen Flora und Fauna.

Erdgeschichtliche Entstehung

Im Erdaltertum fand sich anstelle des heutigen Mitteleuropas noch ein Binnenmeer, ehe sich durch tektonischen Druck der Kontinentalplatten erste Gebirge formten. Im Unterschied zu den umliegenden Regionen wie dem Sauerland bildeten sich die Anhöhen des Weserberglandes jedoch erst im Erdmittelalter aus.

Das vielschichtige Relief verdankt die Region der Bruchschollenbildung im Tertiär, der Erdneuzeit. Diese sogenannte Saxonische Gebirgsbildung führte zu einer facettenreichen Oberflächenstruktur, die von der anschließenden Abtragung der verschiedenen verwitterungsresistenten Gesteinsschichten noch verstärkt wurde. Im Gegensatz zu der Hebung und Faltung, die das Relief der Alpen formte, wurden die deutschen Mittelgebirge durch diese Bruchschollenbildung gebildet. Dabei wirkten die Zug- und Druckkräfte der Erdplatten in verschiedene Richtungen und „zerstückelten" so die Gebirgszüge. Während der Eiszeiten schoben sich schließlich die Gletschermassen des skandinavischen Inlandeisschilds bis in die Weserregion vor, spülten bei ihrem Rückzug zahlreiche Taleinschnitte aus und veränderten den Lauf der Weser in nördliche Richtung.

Lebensader Weser

Die Weser floss zuvor rund eineinhalb Millionen Jahre von Hameln durch die Deisterpforte, eine Wasserscheidelinie in der Nähe von Springe. Das Eiszeitalter formte die Landschaft maßgeblich und lenkte den Fluss in Richtung Nordsee um. Durch die unterschiedlichen Gesteinstypen des Untergrunds grub sie sich in die weicheren Gesteinsschichten ein und schuf so über mehrere Jahrtausende die Niederungen entlang des Flusslaufes. Sie ist mit einer Länge von 452 km der längste Fluss, der sich ausschließlich auf deutschem Boden befindet. Durch den waldreichen Mittelgebirgszug des Weserberglands führt die sogenannte Oberweser. Im Stile eines typischen Mittelgebirgsflusses schwanken die Wasserstände der Weser in diesem Abschnitt enorm. Nach ihrem Weg durch den Gebirgszug tritt die Weser auf der Höhe von Porta Westfalica zwischen Weser- und Wiehengebirge in das Norddeutsche Tiefland ein. Wie die gesamte Region so hat auch der namensgebende Fluss viele Gesichter: als touristisches Erholungsgebiet, Lebensraum einer artenreichen

DIE HÖCHSTEN BERGE

Große Blöße (528 m ü. NN)
Großer Ahrensberg (525 m ü. NN)
Moosberg (513 m ü. NN)
Vogelherd (507 m ü. NN)
Köterberg (495 m ü. NN)
Großer Steinberg (493 m ü. NN)
Eisernstieg (446 m ü. NN)
Barnacken (446 m ü. NN)
Strutberg (444 m ü. NN)

▶ *Am Wolkenbruch in Trendelburg.*

Fauna und Flora, Transportweg und Wasserversorger der Region. Durch zahlreiche Eingriffe wurde der Fluss schiffbar gemacht und wird seit langer Zeit für den Personen- und Güterverkehr benutzt.

Landschaftsformen

Das Weserbergland lässt sich prinzipiell in zwei Landschaftsformen einteilen: Im nördlichen Teil dominieren die Mittelgebirgskämme, die aus den breiten Talebenen aufsteigen. Höchste Erhebung ist die Große Blöße mit 528 m ü. NN. Im Gegensatz zu den heute landwirtschaftlich genutzten Flächen blieben die Waldflächen in den Höhenlagen von der Rodung verschont. Diese bestehen zum größten Teil aus Laubbäumen, zwischen denen unter anderem Waldmeister, Bärlauch und in den trockenen Lagen sogar Orchideen gedeihen. Gen Süden findet man eine von flachem Buntsandstein durchzogene Schichttafellandschaft. Auf den ebenen Hochflächen breiten sich ausgedehnte Waldgebiete wie der Reinhardswald und der im Solling gelegene Bramwald aus.

NATURPARKADRESSEN

Naturpark Weserbergland
Süntelstraße 9
31785 Hameln
Tel.: 0 51 51 / 9 03 93 07
www.naturpark-weserbergland.de

Naturpark Solling-Vogler
Lindenstraße 6
37603 Holzminden-Neuhaus
Tel.: 0 55 36 / 13 13
www.naturpark-solling-vogler.de

Naturpark Münden
Böttcherstraße 3
34346 Hann. Münden
Tel.: 0 55 41 / 9 09 67 55
www.naturpark-muenden.de

Naturpark Teutoburger Wald/ Eggegebirge
Felix-Fechenbach-Straße 5
32756 Detmold
Tel.: 0 52 31 / 62 79 41
www.naturpark-teutoburgerwald.de

Fauna & Flora

Das Weserbergland kennzeichnen die dichten Waldflächen mit einem reichen Baumbestand aus Buchen, Fichten und Eichen. Eine botanische Besonderheit der Region sind die Süntelbuchen. Die etwas unheimlich anmutenden Bäume trugen einst den Namen „Teufelsholz" und waren über das gesamte Weserbergland verteilt. Nachdem sie phasenweise vor der Ausrottung standen, bemühte man sich in der Zwischenzeit erfolgreich, die charakteristischen Gewächse wieder in den Wäldern anzusiedeln.
In den landschaftlich interessanten Höhenlagen haben zahlreiche Wildtiere eine Heimat gefunden. Sogar Luchse, Wölfe und Bären wurden in eigens dafür angelegten Großgehegen angesiedelt, die unter Führung des Forstpersonals besichtigt werden können. Die Vielfalt der Flora und Fauna lässt sich beindruckend an einigen Zahlen nachvollziehen:

▶ *Frischlinge im Wisentgehege Springe.*

Im Bereich der Oberweser wurden 576 verschiedene Pflanzen- und 389 Tierarten nachgewiesen, darunter 30 Libellen-, 60 Käfer-, 33 Schmetterlings- und 58 Vogelarten. Doch auch der Fluss selbst ist ein artenreiches Habitat, in dem 28 verschiedene Fischarten nachgewiesen wurden. Die bekanntesten Vertreter darunter sind die Wanderfische Aal und Lachs, die sich Jahr für Jahr auf ihren Weg durch die Weser und ihre Nebenflüsse machen.

Naturschutz

Mittlerweile unternimmt die Region große Anstrengungen zum nachhaltigen Umgang mit den lokalen Ressourcen und zum Erhalt der Natur. Gemäß der 1992 erlassenen Richtlinie wurden zahlreiche Flora-Fauna-Habitate eingerichtet, mit deren Hilfe die natürlichen Lebensräume samt ihrer wildlebenden Tiere und Pflanzen geschützt werden sollen. In den größeren Plangebieten dominieren Waldgebiete und Niederungen, mit naturbelassenen Wäldern, idyllischen Waldbächen und herausragenden Felsformationen. Daneben stehen die ausgeschriebenen Naturschutzgebiete der Region. Eines der größten ist das Naturschutzgebiet Nördlicher Ith mit 1.965 ha, ein stark bewaldeter Mittelgebirgszug mit fossilienreichem Kalkstein, in dem man mit etwas Glück schöne Orchideenwiesen zu sehen bekommt. Ein wahres Kleinod ist das Naturschutzgebiet Hochmoor Mecklenbruch im Solling. Auf nur 63 Hektar verteilen sich Birkenbruchwälder und typische Moorvegetation, darunter fleischfressender Sonnentau, wild wachsende Torfmoose und weitere urwüchsige Pflanzenarten. Mit der arktischen Smaragdlibelle und dem zur Frühlingszeit in kräftigem Blau leuchtendem Moorfroschmännchen finden sich hier auch „exotische" Tierarten.

Südliches Weserbergland
Das idyllische Märchenland

Sanfte Hügelketten, bewaldete Anhöhen, beschauliche Täler und der ruhige Flusslauf der Weser – ein traumhafter Naturraum, der schon den Grimm'schen Volksmärchen als mystische Bühne diente. Altehrwürdige Weserrenaissance-Bauten verleihen den mittelalterlich geprägten Städten ihr historisches Gesicht.

▶ HANN. MÜNDEN 1

24.745 Einwohner (S. 187, D5)

Wo Werra sich und Fulda küssen …

Hannoversch Münden ist die südlichste Landmarke des Weserberglandes. Alexander von Humboldt adelte die in malerische Natur eingebettete Stadt mit der Aussage, sie sei eine der sieben schönstgelegenen Städte der Welt. Ihren Namenszusatz erhielt die Drei-Flüsse-Stadt übrigens, um Verwechslungen mit dem unweit davon gelegenen Minden zu vermeiden. Das Präfix „Hannoversch" geht dabei nicht auf die Stadt Hannover, sondern auf das ehemalige Kurfürstentum und spätere Königreich Hannover zurück. Am Zusammenfluss von Fulda und Werra markiert der am unteren Tanzwerder aufgestellte **Weserstein** den Weserursprung.

Das Fachwerkjuwel des Weserberglandes

In der Innenstadt von Hannoversch Münden finden sich über 500 denkmalgeschützte Gebäude aus unterschiedlichen Stilepochen. Der Kirchplatz ist heute die Stätte des EXPO 2000-Beitrages „Wasserspuren". Sechs interaktive Wasserspiele zollen der elementaren Rolle des

Wassers Tribut. Prunkvoll sticht das **Welfenschloss** heraus, in dem man zwei fürstliche Gemächer und einige sehenswerten Fresken besichtigen kann. Außerdem ist das **städtische Museum** hier ansässig, das unter anderem Exponate der Mündener Fayence-Manufaktur ausstellt, die für ihre charakteristischen Netzvasen bekannt ist (Schlossplatz 5, Tel.: 0 55 41 / 7 52 02, Mai–Okt. Mi bis So 11–16 Uhr, Nov.–April Mi bis So 13–16 Uhr, Erwachsene 2,50 €, Kinder 7–17 J. 1,80 €). Das älteste Fachwerkhaus der Stadt ist die **Alte Windmühle** in der Radbrunnenstraße. Am Kirchplatz steht, von Weitem sichtbar, die **St. Blasius-Kirche**. Darin befindet sich ein kupfernes Taufbecken, das mit kunstvoll gearbeiteten Figuren verziert ist. Ein typischer Prunkbau der Weserrenaissance ist das **Rathaus**. In dem charakteristisch gestalteten Giebel drehen sich dreimal am Tag (um 12, 15 und 17 Uhr) die Figuren des **Dr. Eisenbart-Glockenspiels**.

DIE WESERSTEINE

Der Bremer Fabrikant Carl Natermann ließ 1899 einen 3,5 t schweren Quarzit am Zusammenfluss von Werra und Fulda aufstellen. Auf dem Weserstein ließ man den von ihm selbst verfassten Reim eingravieren: „Wo Werra sich und Fulda küssen/Sie ihre Namen büssen müssen/Und hier entsteht durch diesen Kuss/Deutsch bis zum Meer der Weserfluss". Der ursprüngliche Vers „All hier der schöne Weserfluss" wich im Zuge der Nationalbewegung dem patriotischen „Deutsch bis zum Meer der Weserfluss" – zusätzlich ein bemerkenswerter Hinweis darauf, dass es sich bei der Weser um den längsten Strom handelt, der ausschließlich auf deutschem Boden verläuft. In der Zwischenzeit findet sich auf dem Tanzwerder auch der neue Weserstein. Das ironische Pendant zum ersten Stein wurde zur EXPO2000 aufgestellt.

Ausflugsziel Bursfelde

18 km außerhalb von Hann. Münden befindet sich das ehemalige Benediktiner-Kloster Bursfelde aus dem 11. Jh. Ein evangelischer Konvent bestand hier zwar nur noch bis ins 17. Jh. hinein, seit 1828 wird die Abtswürde an einen Professor der Theologischen Fakultät der Universität Göttingen vergeben. Von den Bauwerken sind noch die romanische Basilika und der Westflügel des Klosters, der 1722 zum Gutshaus umgebaut wurde, erhalten. Seit 1978 wird dies als evangelisches Einkehr- und Tagungshaus genutzt. Die Abtei prägt bis heute das Ortsbild von Bursfelde, und der sich zweimal jährlich treffende Konvent hebt die überregionale Bedeutung des Klosters hervor (Klosterhof 5, Tel.: 0 55 44 / 16 88, www.kloster-bursfelde.de, Klosterkirche 8–18:30 Uhr geöffnet).

ESSEN & TRINKEN

Gehobene Küche

Hotel-Restaurant Schlossschänke
Vor der Burg 3–5, Hann. Münden
Tel.: 0 55 41 / 7 09 40
www.hotel-schlosschaenke.de

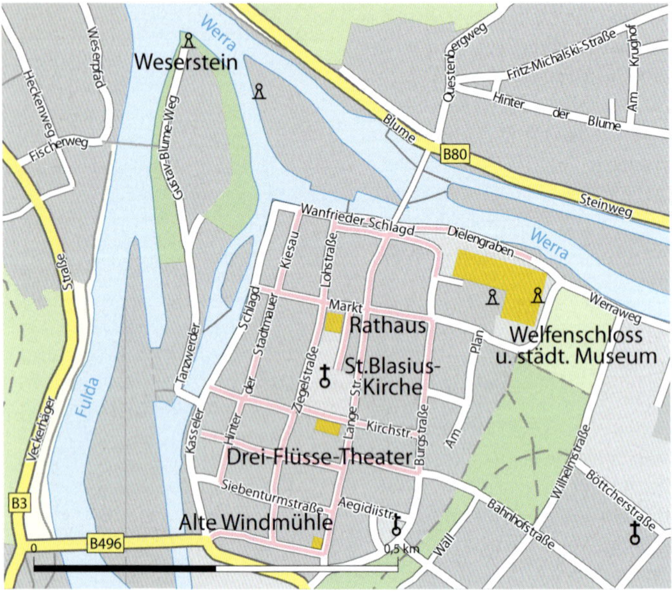

▶ *Hann. Münden.*

In dem freundlich gestalteten Restaurant werden saisonale Gerichte und einheimische Spezialitäten gereicht. Besondere Themenwochen sorgen für kulinarische Abwechslung. Täglich geöffnet.

Tradition und Moderne

Hotel-Restaurant Die Reblaus
Ziegelstraße 32
Hann. Münden
Tel.: 0 55 41 / 95 46 10
www.die-reblaus.com
In einem altehrwürdigen Fachwerkbau untergebracht, präsentiert sich „Die Reblaus" kulinarisch frisch und kreativ. Regionale Delikatessen mit italienischem Einschlag. Täglich geöffnet.

Einmalige Atmosphäre

Café Aegidius
Aegidiiplatz, Hann. Münden
Tel.: 0 55 41 / 9 84 60
www.cafe-aegidius.de
Außergewöhnliches Altstadtcafé in einer ehemaligen Kirche, mit reichhaltigem Frühstücksbuffet, Kuchen und kleinen Snacks. April–Okt. täglich geöffnet, Nov.–März nur Gruppen mit Voranmeldung.

Kultiges „Bahn-Bistro"

Bistro 37
Vor der Bahn 63, Hann. Münden
Tel.: 0 55 41 / 9 03 73 70
www.37bb.de
Im Stile einer Bahnstation gestaltetes Bistro, in einem der Wagen

des 1937 gebauten „Samba-Express“. Leckere Snacks und vielseitige Events sorgen für gute Laune. Mai–Sept. täglich geöffnet, Okt.–April Mo, Di und Do Ruhetag.

SPORT & FREIZEIT

Balance Fitness- und Wellnessclub
Vor der Bahn 61, Hann. Münden
Tel.: 0 55 41 / 42 86
www.balance-gesundheitspark.de
Fitnessbereich: Mo und Mi 7–22 Uhr, Di, Do und Fr 8–22 Uhr, Sa 13–19 Uhr, So (Sept.–März) 10–19 Uhr bzw. 9–14 Uhr (April–Aug.), Sauna andere Öffnungszeiten, Tageskarte Sauna 13 €.
In der Wellness-Oase von Hann. Münden lässt es sich vortrefflich entspannen. Hydrojet-Massage, Solarium und der Body & Soul-Spa bringen Körper und Geist in Einklang, die Saunalandschaft lässt mit Farblicht-Sauna, Sinnes-Sauna, Dampfbad und finnischer Sauna keine Wünsche offen. Fitnessbereich mit Geräten und Badmintoncourts.

Schifffahrten

Zwischen Mai und September ist Hann. Münden Schifffahrtsknotenpunkt. Täglich gibt es Rundfahrten, Linienfahrten und Verwöhntouren auf Fulda und Weser (Rehbein-Linie, Tel.: 05 61 / 1 85 05).

Stadtführungen

Mit geführten Rundgängen zu verschiedenen Themen lässt sich die historische Altstadt Hann. Mündens wunderbar entdecken. Täglich öffentliche Stadtführungen um 10 und 14 Uhr ab Rathaus über die Tourist-Information (Mai–Okt.).

NATURPARK MÜNDEN

Ausgedehnte Waldgebiete und die idyllischen Flussläufe der Werra, Fulda und Weser geben dem bergigen Naturpark ein abwechslungsreiches Relief. Im Jahr 1959 gegründet, gilt der Naturpark als einer der ältesten Deutschlands. Auf gut ausgeschilderten Wander- und Radwegen genießt man die artenreiche Fauna und Flora, die sich in den großen Buchenmischwäldern ausbreitet. Auf verschiedenen Veranstaltungen oder Führungen kann man sich tiefergehend über den Naturpark informieren. Informationen hierzu gibt es bei der Geschäftsstelle des Naturparks: Böttcherstraße 3 in Hann. Münden, Tel.: 0 55 41 / 9 09 67 55 oder auf www.naturpark-muenden.de.

MIT KINDERN UNTERWEGS

Im **Mittelalterdorf Steinrode** lernen Kinder die dörfliche Lebensweise aus dem Mittelalter kennen, backen Brot im Lehmofen oder probieren alte Handwerke wie Schnitzen und Töpfern aus (Jugendwaldheim Steinberg, Tel.: 0 55 43 / 96 16 35, So 11–17 Uhr).
Von Mai bis Oktober gibt es jeden 1. und 3. Sonntag im Monat um 14 Uhr öffentliche **Stadtführungen** für Kinder. Auf eigene Faust entdecken diese die Stadt mit dem Stadtspiel, bei dem Quizfragen zur Geschichte beantwortet werden.

Im Sommer lockt das **Hochbad Rattwerder** mit Wellenrutsche, Beach-Volleyball und Tischtennis (Mai–Sept. täglich 7–20 Uhr, Erwachsene 2,50 €, Kinder bis 18 Jahre 1,50 €).

ABENDGESTALTUNG

Drei-Flüsse-Theater
Kirchplatz 5, Hann. Münden
Tel.: 0 55 41 / 87 68
www.drei-fluesse-theater.de
Lokale Theatergruppe, die seit beinahe 30 Jahren für überregionales Interesse sorgt. Erwachsene 13–15 €.

SERVICEINFO

Touristinformation Hann. Münden
Rathaus, Lotzestraße 2
34346 Hann. Münden
Tel.: 0 55 41 / 7 53 13
www.hann.muenden-tourismus.de

▶ HOFGEISMAR

15.700 Einwohner (S. 186, B4)

Das Tor zum Reinhardswald

Hofgeismar liegt unmittelbar am sagenumwobenen Reinhardswald, der mit seinen Baumriesen zahlreichen Grimm'schen Märchen als Schauplatz diente. Nicht minder imposant ist die Innenstadt mit ihren prächtigen Kirchen und hoch aufragenden Türmen. Die Besiedlungsgeschichte reicht gemäß archäologischen Funden über 7.000 Jahre zurück. Wie viele Orte des Weserberglandes blickt die Stadt auf eine bewegte Historie zurück.
Seit Ende des 9. Jh. der christlich-fränkischen Monarchie zugehörig, ging sie nach einer Schenkung in den Besitz des Erzbistums Mainz über. Damals noch als „Hove Geismari" bekannt, erhielt der Ort 1223 das Stadtrecht von dem Mainzer Erzbischof Siegfried II. Ein Sinnbild der weltlichen Macht des Clerus ist die **Schutzburg-Ruine auf dem Schöneberg** auf einer Anhöhe westlich des Stadtgebiets. Diese Herrschaftstradition hat sich mit dem „Mainzer Rad" auch im Stadtwappen verewigt.

Fachwerkbauten und Historie

Das Stadtbild wird von den hervorragend erhaltenen Fachwerkbauten aus dem 17. Jh. geprägt. Der Marktplatz ist Standort des auf einem mittelalterlichen Gewölbe stehenden **Rathauses**, das in seiner jetzigen Form auf das Jahr 1854 zu datieren ist. Ein Hingucker ist das Glockenspiel im Turm, das kunstvoll über dem treppenartig zulaufenden Dachstuhl aufragt. Unweit davon befindet sich die ehemalige Stiftskirche aus dem 12. Jh., die mittlerweile **Altstädter Kirche** genannt wird. Das gotische Gotteshaus ist eine der bedeutendsten Hallenkirchen im hessischen Raum. Im Interieur fällt vor allem der imposante Hofgeismarer Altar ins Auge. Das ebenfalls mit Fachwerk versehene Steinerne Haus beherbergt das **Apothekenmuseum**, eine der umfangreichsten deutschen Spezialsammlungen überhaupt (Apothekenstraße 5, Tel.: 0 56 71 / 99 35 00, Mo, Di und Do 10–12 Uhr, Mi 15–18 Uhr, Fr

„DORNRÖSCHEN-SCHLOSS"

2

Die Sababurg wurde ursprünglich zum Schutz der Pilgerwege errichtet. Im Volksmund als „Dornröschen-Schloss" bekannt, diente es lange Zeit als Jagdschloss, bis 1959 der Umbau zu einer Hotelanlage erfolgte.
Inmitten des sagenumwobenen Reinhardswaldes war die Feste 1334 unter dem Namen „Zappenburg" erbaut worden. Bauherr war das Bistum Mainz, das damit auch seine Ländereien vor dem Bistum Paderborn und dem Herzogtum Braunschweig beschützen wollte. Im Zuge der Mainzer Stiftsfehde 1462 wurde sie geschleift und ging in hessischen Besitz über. Ab 1490 wurde sie vom Landgrafen Wilhelm I. als Jagdschloss neu aufgebaut, im Dreißigjährigen Krieg erneut stark beschädigt und infolgedessen überwuchert. Dieser wildromantische Zustand brachte ihr schließlich den Beinamen „Dornröschenschloss" ein. Auf verschiedenen Führungen kann man sich über die gesamte Schlossanlage einen Überblick verschaffen, sei es auf der Geschichts- und Märchenführung, die den Spuren der heimischen Sagen folgt, der Garten- und Pflanzenführung durch den Burggarten und die botanischen Sammlungen oder bei einer historischen Abendführung (Tel.: 0 56 71 / 80 80, www.sababurg.de).
Der umliegende Urwald Sababurg ist ein frei zugängliches Naturschutzgebiet, das vor allem für seine imposanten Eichen bekannt ist. Über 800 Jahre sind einige der Baumriesen alt. Hochgewachsene Farne und Rotbuchen ergänzen den vielfältigen Bewuchs, der beinahe an einen Regenwald erinnert.
Im Jahre 1571 errichtete Wilhelm IV. hier den Tierpark Sababurg, einen der ersten in ganz Europa. Er beheimatet über 700 Tiere in 80 Arten. Der 130 ha große Park umfasst eine Greifvogelstation, Wasserwelt, einen Kinderzoo und den Urwildpark (Tel.: 0 56 71 / 7 66 49 90, www.tierpark-sababurg.de, Jan. und Feb. 10–16 Uhr, März 9–17 Uhr, April–Sept. 8–19 Uhr, Okt. 9–18 Uhr, Nov. und Dez. 10–16 Uhr, Erwachsene 6 €, Kinder und Jugendliche 4–15 J. 3,50 €)

17–19 Uhr, So 11–13 und 15–18 Uhr, Erwachsene 2 €, Kinder bis 18 Jahre 1 €).

Pittoresker „Gesundbrunnen"
Im 18. Jh. sorgte die Entdeckung der **Heilquellen** für einen Wandel im Stadtbild. Der Stadtteil Gesundbrunnen avancierte zum Badeort, der vom Adel und vom Volk genutzt wurde. Infolgedessen entstanden etliche kleine Heilbäder und Kurstätten. Außerdem wurde eine Gartenanlage nach französischem Vorbild angelegt, in der sich das unscheinbare **Schlösschen Schönburg** befindet. Als schönste Kirche der Stadt gilt die **St. Petri-Kirche**, die als katholisches Bauwerk in der vorwiegend evangelisch geprägten Stadt einen besonderen Status besitzt.

ESSEN & TRINKEN

Märchenhafter Genuss
Dornröschenschloss Sababurg
Im Reinhardswald, Hofgeismar
Tel.: 0 56 71 / 80 80
www.sababurg.de
Umgeben von trutzigen Mauern, schlemmt man an Tafeln mit Kaminfeuer. Serviert werden überraschend moderne Interpretationen einheimischer Spezialitäten. Tgl. geöffnet.

SPORT & FREIZEIT

Bad am Park
Schöneberger Str. 16, Hofgeismar
Tel.: 0 56 71 / 92 07 91
www.bad-am-park.de
Mo-Fr 7:30–21 Uhr, Sa, So und Feiertage 9–21 Uhr, Erwachsene 4 €, Kinder 6–17 J. 2 €.
Vielseitiges Erlebnisbad mit rasanten Rutschen, Massagebecken, Strömungskanal und traumhaftem Freiluftareal samt Beachvolleyballfeld.

(Altstadt-)Führungen
Der Heimat- und Verkehrsverein Hofgeismar veranstaltet von Mai–Okt. jeweils am ersten Samstag (10 Uhr) sowie am ersten Mittwoch (18 Uhr) des Monats eine kostenlose Führung durch die Stadt. Ausgehend vom Rathaus, lernt man die schönsten Sehenswürdigkeiten und die Ortsgeschichte aus erster Hand kennen.
Durch den Urwald Sababurg führt auf sagenhafte Art und Weise der Ritter Dietrich vom Reinhardswald (Gruppen bis 25 Teilnehmer, 2 € pro Person, mindestens 40 €). Buchung und weitere Infos bei der Touristinformation.

SERVICEINFO

Touristinformation Hofgeismar
Markt 5, 34369 Hofgeismar
Tel.: 0 56 71/ 50 70 400
www.stadt-hofgeismar.de
www.reinhardswald.de

▶ TRENDELBURG

5.200 Einwohner (S. 186, B3)

Mittelalterliches Erbe
Auf dem Trender Berg westlich des Reinhardswaldes liegt das Fachwerkstädtchen Trendelburg. Es wird von der Diemel, die bei Bad Karlshafen in die Weser mündet, umflossen. Wichtige Handelswege

kreuzten an der Flussüberquerung unterhalb der imposanten aus Sandstein gebauten **Burg,** nach der die Stadt benannt wurde. Erbauer war Graf Konrad von Schöneberg, der Anfang des 14. Jh. Gebiete der Bistümer Mainz und Paderborn zu Lehen hatte. In einer Urkunde von 1303 gab es dazu eine erste Erwähnung. Rapunzel soll hier einst ihr Haar vom Turm herabgelassen haben. In der Märchenburg befindet sich seit 60 Jahren ein Hotel mit Restaurant. Von der Burg gelangt man direkt in die **Altstadt**, die 1868 von einer Brandkatastrophe heimgesucht wurde. Einige der mittelalterlichen Gewölbekeller sind erhalten geblieben. In einem befindet sich eine **Mikwe**, ein jüdisches Tauchbad, das über die Räume des Tourismusbüros zugänglich ist.

Altehrwürdige Bauten

Das historische **Rathaus** mit gotischem Tor und Stadtwappen hat eine der schönsten Fachwerkfassaden des Ortes. Eine Sonnenuhr sowie die Trendelburger Elle geben Aufschluss über frühere Gebräuche, wie Gerichtsbarkeit oder Marktrechte. Neben dem Rathaus liegt die gotische **Evangelische Pfarrkirche,** die im Sommer geöffnet ist. Imposante Fresken, Epitaphe mit Bildhauerarbeiten und moderne Kirchenfenster sind zu besichtigen. Die landgräfliche Diemelmühle, bestehend aus Ober- und Untermühle am Mühlgraben, beherbergt ein Café und die Heimatstube. Eine Schleuse des **Landgraf-Carl Kanals** sowie der Ganzjahrescampingplatz sind auf dem Areal. In Stammen steht das ehemalige **Schloss der Familie Pappenheim** direkt am Diemelradweg. Dahinter liegt die Freizeitanlage **Hofgut Stammen.** Am Ortsrand steht ein Waggon der **Carlsbahn,** der ersten Eisenbahnstrecke Kurhessens. Der Tunnel der Strecke, Teil des ECO Pfades Diemel, liegt an der Radstrecke nach Wülmersen.
Seit 900 Jahren besteht das **Wasserschloss Wülmersen.** Das ehemalige Rittergut war Sitz der Adelsfamilie von Stockhausen bis in die 1950er Jahre. Die verfallenden Gebäude wurden unter Leitung des Landkreises Kassel restauriert. In rustikalen Räumen können Gruppen übernachten oder Tagungen und Familienfeiern organisiert werden. Das angegliederte **LandMuseum** zeigt interessante Jahresausstellungen zu Themen des ländlichen

▶ *Die historische Trendelburg.*

Lebens (Tel.: 0 56 75 / 7 21 03 48, www.wasserschloss-wuelmersen.de, Mai–Okt. Di bis Fr 10–18 Uhr, Sa 14–17 Uhr, So 11–18 Uhr, Erw. 2 €). Ebenfalls interessant ist das **Kraftwerk Museum** in der Wassermühle Wülmersen (Tel.: 05 61 / 9 33 21 23).

Natur und Mythos

Einen knappen Kilometer östlich der Kernstadt befindet sich mit dem **„Nassen Wolkenbruch"** ein faszinierendes Naturphänomen. Der ca. 50 m tiefe und 150 m im Durchmesser große Trichter entstand nach dem Einsturz ausgewaschener Hohlräume. Der Steilhang ist von bizarr gewachsenen Buchen bewachsen. Nach einer Sage wurde die Riesin Trendula bestraft und hier vom Blitz getroffen. Dabei entstand der namensgebende See. Trendula erscheint alle sieben Jahre, um von ihrem Schicksal erlöst zu werden. Eine weitere mythische Stätte ist die **Wallfahrtskirche Gottsbüren** in dem etwa 6 km entfernten Trendelburger Stadtteil. Die Hallenkirche wurde nach dem Fund einer Bluthostie im 14. Jh. zu einer beliebten mittelalterlichen Pilgerstätte.

ESSEN & TRINKEN

Tafeln wie damals

Hotel-Restaurant Burg Trendelburg
Steinweg 1, Trendelburg
Tel.: 0 56 75 / 90 90
www.burg-hotel-trendelburg.com
Facettenreiche Küche in mittelalterlichem Ambiente. Bei einem Rittermahl oder Bankett begibt man sich auf eine kulinarische Zeitreise. Täglich geöffnet.

Ländliche Leckereien

Gasthaus Brandner
Am Rathaus 5, Trendelburg
Tel.: 0 56 75 / 97 78
www.gasthaus-brandner.de
Fachwerkverziertes Landgasthaus mit rustikaler Bauernstube und sonniger Gartenterrasse. Mi Ruhetag.

Traditionell

Landhotel Textor
Friedrichsfelder Str. 1, Trendelburg
Tel.: 0 56 75 / 3 02
www.landhotel-textor.de
Gemütliche Gastlichkeit und saisonale, frische Gerichte. Di Ruhetag.

Künstlercafé

Café Karl F.
Oberer Weg 23
Trendelburg-Sielen
Tel.: 0 56 75 / 72 52 58
www.karlfhofeditz.de
Das „Karl F." liegt direkt auf einem schönen Gelände an der Diemel. Selbstgebackener Kuchen und regionale Spezialitäten. Geöffnet Mai–Okt. am Wochenende.

Am Fluss gelegen

Hofgut Stammen
Schloßstraße 29, Trendelburg
Tel.: 0 56 75 / 72 50 94
www.hofgut.de
Das Hofgut hat schöne Biergärten und liegt an der Diemel in Stammen. Täglich geöffnet.

SERVICEINFO
Touristinformation Trendelburg
Am Brunnen 6
34388 Trendelburg
Tel.: 0 56 75 / 74 99 18
www.trendelburg.de

▶ BAD KARLSHAFEN

3.600 Einwohner (S. 186, C3)

Zufluchtsort der Hugenotten

Das hessische Bad Karlshafen liegt im äußersten Norden Hessens und wurde im Jahre 1699 als „Sieburg" gegründet. Der Landgraf Carl errichtete die Stadt als Zuflucht für die vertriebenen französischen Hugenotten. Die als Hafen- und Handelsstandort geplante Stadt entwickelte sich nach Entdeckung der heilenden Solequellen im 17. Jh. zu einem Badeort. Im Jahr 1977 erhielt sie folgerichtig den Namenszusatz Bad. Unweit der im Westen aufragenden Hannoverschen Klippen entstand so ein kulturell und touristisch reizvoller Ort. Die starke Prägung von den französischen Flüchtlingen lässt sich im 1980 gegründeten **Deutschen Hugenotten-Museum** nachvollziehen, das sich umfangreich mit deren Geschichte in Deutschland und Frankreich auseinandersetzt (Hafenplatz 9a, Tel.: 0 56 72 / 14 10, www.hugenottenmuseum.de, Mitte März–Okt. Di bis Fr 10–17 Uhr, Sa, So und Feiertage 11–18 Uhr, Nov. und Dez. Sa und So 14–17 Uhr, Jan.–Mitte März Mo bis Fr 9–12 Uhr, Erw. 4 €, Kinder 10–17 J. 2 €).

Barocke Stadtanlage

Baulich sticht besonders der Barock ins Auge, der die symmetrisch angelegte Innenstadt prägt. Die blockhaften Straßenzüge umschließen den mitten in der Stadt

▶ *Blick auf Bad Karlshafen.*

gelegenen historischen Hafen. Als wichtigstes Bauwerk gilt das ehemalige **Packhaus** am Hafenbecken, das mittlerweile Sitz des Rathauses geworden ist.
Im Stadtteil Helmarshausen steht eine **Reichsabtei** aus dem 10. Jh., die für ihre Mal- und Schreibschule sowie ihre Goldschmiedearbeiten bekannt wurde (Führung unter Tel.: 0 56 72 / 7 89). Hier wurde auch das bekannte Evangeliar Heinrichs des Löwen gefertigt, das dem Welfenschatz zugerechnet wird und als Stiftung an den Braunschweiger Dom ging. Über dem Stadtteil thront mit der geschichtsträchtigen Ruine **Krukenburg** der verfallene Wächter der Stadt. Im Alten Rathaus des Stadtteils Helmarshausen widmet sich das **Museum Helmarshausen** der mittelalterlichen Buchmalerei-Kunst (Poststraße 40, Bad Karlshafen-Helmarshausen, Tel.: 0 56 72 / 7 89, www.heimatverein-helmarshausen.de, April–Okt. Di und Do 9–11 Uhr, Sa und So 15–17 Uhr, Nov.–März nur auf Anfrage geöffnet, freier Eintritt).

Panoramablick und Heilquellen

Auf dem etwa 205 m hohen Kaiserstein befindet sich heute der aussichtsreiche **Hugenottenturm**, ein beliebter und wunderbar in die Landschaft eingebetteter Aussichtsturm. Von dem steilen Berghang bietet sich ein eindrucksvoller Panoramablick, der das penible geometrische Raster der denkmalgeschützten Innenstadt erkennen lässt. Neben dem modernen Kurzentrum und der zugehörigen Promenade ist insbesondere die seit 2004 eröffnete **Weser-Therme** ein Besuchermagnet. Die aus einer eigenen Quelle gewonnene Sole versorgt drei Innen- und zwei Außenbecken mit unterschiedlichen Salzgehalten.
Die Wassertemperaturen variieren zwischen 33 und 36 °C (siehe unter Sport & Freizeit).

ESSEN & TRINKEN

Tradition und Wesercharme
Zum Weserdampfschiff
Weserstraße 25, Bad Karlshafen
Tel.: 0 56 72 / 24 25
www.weserdampfschiff.de
Seit Generationen in Familienbesitz befindliches Hotel-Restaurant am malerischen Weserufer. Gereicht werden frische regionale Gerichte. Mo Ruhetag.

Gehobene einheimische Küche
Hessischer Hof
Carlstraße 13 und 15
Bad Karlshafen
Tel.: 0 56 72 / 10 59
www.hess-hof.de
Inmitten der Altstadt bekommt man hier regionale Spezialitäten und besondere saisonale Angebote. Eigene vegetarische Karte. Täglich geöffnet.

Deutsch-südländisch
Weser Garten
Weserstraße 35, Bad Karlshafen
Tel.: 0 56 72 / 92 23 24
www.wesergarten.info

Bad Karlshafen
Soleheilbad im Weserbergland

Bad Karlshafen, 1699 durch Landgraf Carl zu Hessen gegründet, an der Mündung der Diemel in die Weser – zwischen Reinhardswald und Solling gelegen – lädt zu einem Tagesausflug ein:

- Barocke Stadtanlage, Rathaus Hafen & Invalidenhaus
- Deutsches Hugenotten-Museum
- Kurzentrum mit Gradierwerk
- Personenschifffahrt auf der Weser
- Eco Pfade Archäologie Sieburg und Helmarshausen
- Krukenburg-Ruine
- Museum „Skriptorium" im Alten Rathaus Helmarshausen

Kur- und Touristik-Information im Rathaus · Hafenplatz 8 · 34385 Bad Karlshafen
Telefon (0 56 72) 99 99-22 · Fax (0 56 72) 99 99-25
www.bad-karlshafen.de · kurverwaltung@bad-karlshafen.de

Internet: www.wesertherme.de

Weser-Therme Bad Karlshafen
Schwimmen. Saunen. Wellness.

Schwimmen. Saunen. Wellness.

Badespaß und Wohlfühl-Programm im Weserbergland.
In der Weser-Therme Bad Karlshafen warten neben verschiedenen Thermalsolebecken eine abwechslungsreiche Saunalandschaft und ein großer Wellness- und Massagebereich auf Sie!

Öffnungszeiten (täglich, außer 24.12.): So-Do: 9-22 Uhr · Fr, Sa: 9-23 Uhr

Telefon (0 56 72) 92 11 - 0
Kurpromenade 1 · 34385 Bad Karlshafen

Modern eingerichtetes Restaurant mit vielseitiger Küche, die klassische deutsche Gerichte mit mediterranen Einflüssen verbindet. Sonnenterrasse mit bester Aussicht auf die Weser und den Solling. Mi Ruhetag.

SPORT & FREIZEIT

Weser-Therme
Kurpromenade 1, Bad Karlshafen
Tel.: 0 56 72 / 9 21 10
www.wesertherme.de
So–Do 9–22 Uhr, Fr und Sa 9–23 Uhr, Tageskarte inkl. Sauna Erwachsene 17 €, Kinder 4–14 J. 9 €. Unterschiedlich temperierte Becken mit Thermal-Sole-Heilwasser und variierendem Salzgehalt. Großzügige Saunalandschaft mit Innen- und Außenbereich.

Weserschiff „HESSEN"
Hafenplatz 8, Bad Karlshafen
Tel.: 0 56 72 / 99 99 23
www.weserschiff-linie2000.de
Neben dem Linienbetrieb auch Rundfahrten durch das Dreiländereck. Zusätzlich werden gesonderte Charter- und Sonderfahrten angeboten. Fahrpreise je nach Stationen 4–13 €.

Freizeitanlage Bad Karlshafen Minigolf – Pit-Pat – Jet-Golf
An der Schlagd 4, Bad Karlshafen
Tel.: 0 56 72 / 92 28 83
www.minigolf-bad-karlshafen.de
März/April und Sept./Okt. tgl. 12–18 Uhr, Mai–Aug. tgl. 11–21 Uhr, während der hessischen Sommerferien tgl. 10–22 Uhr, Öffnungszeiten können je nach Wetterlage variieren, Erwachsene 3 €, Kinder bis 15 Jahre 2,50 €. Die gepflegte Minigolfanlage liegt an der Mündung der Diemel in die Weser, mit herrlichem Blick ins Wesertal. Kinderland mit Sechs-Feld-Trampolinanlage und Elektro-Karts.

SERVICEINFO

Touristinformation Bad Karlshafen
Rathaus, Hafenplatz 8
34385 Bad Karlshafen
Tel.: 0 56 72 / 99 99 22
www.bad-karlshafen.de

► *Entspannen in der Weser-Therme.*

▶ USLAR

14.700 Einwohner (S. 187, D2)

Die kleine niedersächsische Stadt liegt, umschlossen von dichten Wäldern, am südwestlichen Ausläufer des Sollings. Früher ein Mitglied der Hanse, ist das Städtchen heute ein staatlich anerkannter Erholungsort. Die Besiedlungsgeschichte geht wohl bis in die jüngere Steinzeit zurück, während sich der heutige Name bis ins 9. Jh. zurückverfolgen lässt. Ursprünglich als „Husleri" bekannt, das sich vom nordischen „Ysselär" (Lager am kalten Wasser) ableitet, bildete sich die Bezeichnung Uslar heraus. Das schöne Landschaftsbild lässt sich vom **Aussichtsturm Harzblick** auf dem Großen Steinberg überblicken, von dem man bei guten Sichtverhältnissen bis zum Harz sehen kann. Eine Alternative ist der leicht nordwestlich gelegene Strutberg mit dem Sollingturm, der von 444 m ü. NN ebenfalls einen großartigen Panoramablick garantiert.

Weserrenaissance in der Altstadt

Die Lage an den Schnittpunkten der Straße der Weserrenaissance, der Deutschen Märchenstraße und der Deutschen Fachwerkstraße sorgte schon früh für einen regen Tourismus, sodass sich dementsprechend zahlreiche Unterkünfte in der kleinen Stadt etablierten. Eine besondere Anziehungskraft übt dabei die sehenswerte, regionstypische Altstadt aus. Die allgegenwärtigen Einflüsse der Stadtgeschichte spiegeln sich vielerorts in den Bauwerken wider. Das Wahrzeichen der Stadt ist das 1476 neu aufgebaute **Rathaus**, das mit filigranem Fachwerk aufwartet und nachträglich mit einem kupfernen Uhrenturm versehen wurde. Vor dem historischen Bau prangt das Stadtwappen mit einem blauen Löwen auf einem silbernen Spitzschild. Hier findet sich auch der bekannte **Spenneweih-Brunnen**. Die umliegende Innenstadt ist von den prachtvollen Fachwerkfassaden und dem roten Natursteinpflaster geprägt. Als Reminiszenzen vergangener Tage finden sich mancherorts Reste der einstigen Stadtmauer, die um die Kernstadt gezogen war. Wichtigstes Gotteshaus der Stadt ist die **St. Johannis-Kirche**, die über einen beeindruckenden gotischen Chor aus dem 15. Jh. und einen handgeschnitzten Flügelaltar verfügt. In unmittelbarer Nähe zur Kirche befindet sich das **Städtische Heimatmuseum**, das seinen Platz in einem alten Sattelhof gefunden hat (Mühlentor 4, Tel.: 0 55 71 / 30 71 43, Di–So 15–17 Uhr, Erwachsene 2 €, Kinder 7–16 J. 1 €).

ESSEN & TRINKEN

Fernöstlicher Genuss

Große Mauer
Bella Clava 25, Uslar
Tel.: 0 55 71 / 91 53 64
Vielfältige asiatische Gerichte sorgen für ein exotisches Geschmackserlebnis. Empfehlenswertes Tischgrill-Buffet. Täglich geöffnet.

Rustikale Gemütlichkeit
Romantisches Hotel Menzhausen
Mauerstraße 2, Uslar
Tel. 0 55 71 / 92 23-0
www.hotel-menzhausen.de
Gehobene gutbürgerliche Küche aus regionalen Produkten. Täglich geöffnet.

Neapolitanische Delikatessen
Ristorante Bella Napoli
Neustädter Platz 35, Uslar
Tel.: 0 55 71 / 21 26
Gemütliches italienisches Restaurant mit traditioneller und kreativer mediterraner Küche. Mo Ruhetag.

SPORT & FREIZEIT

Bauerngarten Uslar
Der Bauerngarten bildet eine grüne Oase unmittelbar neben der Stadtmauer in der Mauerstraße. Neben interessanter Botanik haben hier eine Vielzahl an Bienen, Schmetterlingen und einheimische Tierarten eine Heimat gefunden. Ganzjährig zugänglich, Eintritt frei.

Alaris Schmetterlingspark
Zur schwarzen Erde, Uslar
Tel.: 0 55 71 / 67 34
www.alaris-schmetterlingspark.de
April–Sept. Di–So 9:30–17:30 Uhr, Okt. Di–So 10–17 Uhr, Erwachsene 6,90 €, Jugendliche 4,50 €, Kinder 3,50 €.
Tropischer Regenwald mit exotischer Vegetation und über 140 Schmetterlingsarten. Das Bild ändert sich je nach Saison mit den aktuell geschlüpften Arten.

MIT KINDERN UNTERWEGS

ErlebnisWald Uslar-Schönhagen
Interessant gestalteter Naturlehrpfad auf einem 12 Hektar großen Gelände mit lehrreichen Stationen wie dem Klimaturm, Waldlabor oder Duftgarten sowie einem Badesee. Führungen und Umweltbildungsangebote buchbar in der Touristik-Information (siehe unter Serviceinfo). Der ErlebnisWald ist über ein Drehkreuz ganzjährig zugänglich (Eintritt 1 €). Weitere Infos unter www.erlebniswald.de.

Baumhaushotel Solling
In der Loh, Uslar
Tel.: 0 55 71 / 91 93 05
www.baumhaushotel-solling.de
Ohne auf den Komfort von Heizung und Strom zu verzichten, kann man hier das gesamte Jahr über in einem von sieben Baumhäusern unterkommen. Übernachtung mit Frühstück ab 140 €.

▶ *Das Uslarer Rathaus.*

„PEKER-ESSEN"

Bei dieser kulinarischen Besonderheit handelt es sich um eine Uslarer Spezialität. Die Bezeichnung „Peker" leitet sich aus dem Plattdeutschen ab und bezeichnet eine spezielle Zubereitungsart der erntefrischen Kartoffeln: Sie wurden halbiert und anschließend mit den Schnittflächen an die Seitenwände der damaligen Herde gedrückt. Durch eine chemische Reaktion klebten die Kartoffeln so lange an den Flächen fest, bis sie gar waren und schließlich herunterfielen. Die plattdeutsche Entsprechung von kleben – „peken" – verlieh den so zubereiteten Erdäpfeln ihren Namen als „Peker". Im Zuge dieser Tradition findet heute das „Peker-Essen" als touristische Attraktion auf dem Uslarer Markt statt.

ErlebnisLandschaft Delliehausen
In dem interessant gestalteten Landschaftspark bei dem Köhlerdorf Delliehausen, nordöstlich von Uslar, erleben Kinder die Geologie, Biologie und Geschichte der Region an 21 interessanten Stationen. Bachlandschaften, Feuchtbiotope, Sandgruben und ein Abenteuerspielplatz sorgen für einen abwechslungsreichen Ausflug. Nähere Informationen und Führungen unter Tel.: 0 55 71 / 3 07-2 20. Ganzjährig zugänglich, Eintritt frei.

ABENDGESTALTUNG

Kulturbahnhof
An der Eisenbahn 1, Uslar
Tel.: 0 55 71 / 91 58 89
www.kulturbahnhof-uslar.de

Kulturelle Veranstaltungen von Kindertheater über Lesungen bis Live-Musik in einer ungewöhnlichen Location. Der Bahnhof wandelt sich mit poppiger Aufmachung zum kultigen Veranstaltungsort.

SERVICEINFO

Touristik-Information
Altes Rathaus/Lange Straße 1
37170 Uslar
Tel.: 0 55 71 / 3 07-2 20
www.uslar.de

▶ BODENFELDE

3.300 Einwohner (S. 186, C3)

Zusammen mit den beiden Ortsteilen Nienover und Wahmbeck liegt Bodenfelde malerisch am Rand des Naturparks Solling-Vogler. Umgeben von zahlreichen Wäldern finden sich hier typische Fachwerkbauten, die Weserpromenade, die evangelische Kirche und das historische Jagdschloss Nienover. Im **Heimatmuseum Bodenfelde,** das sich in einem Fachwerkhaus mit Scheunendiele befindet, werden wechselnde Ausstellungen zur dörflichen Kultur und Arbeit im Weserraum präsentiert (Blumenstr. 4, Tel.: 0 55 72 / 73 65, Mo 18–20 Uhr sowie nach Vereinbarung, Eintritt frei).
In **Nienover** wurde bei archäologischen Untersuchungen eine ehemalige Stadt entdeckt, die nur über zwei bis drei Generationen besiedelt war. Heute steht hier der Nachbau eines **mittelalterlichen Stadthauses** aus dem frühen 13. Jh. in dem regelmäßig Veranstaltungen

stattfinden. Weitere Informationen gibt es unter www.mittelalterhaus-nienover.de.

Allein mit der Kraft der Strömung transportiert die **Gierseilfähre Wahmbeck** Menschen und Fahrzeuge zuverlässig über die Weser (März–Okt. Mo bis Fr 7–18 Uhr, Sa 8–18 Uhr, So/Feiertage 9–19 Uhr, Mittagsruhe 12:45–13:30 Uhr).

In direkter Nachbarschaft zu Bodenfelde befindet sich die Gemeinde **Wahlsburg** mit den Ortsteilen Vernawahlshausen und Lippoldsberg. Letzterer beherbergt im Wasserkraftwerk ein **Museum,** für das sich vor allem Technikinteressierte begeistern werden (Mühlenstr. 2, Tel.: 0 55 72 / 9 37 80, www.wahlsburg.de, geöffnet nur nach Vereinbarung).

Mit dem dörflichen Arbeitsalltag beschäftigt sich das **Schäferhaus Museum** – ebenfalls in Lippoldsberg. Hier dürfen z. B. im Kolonialwarenladen, Backhaus oder in der Schmiede viele Museumsgegenstände angefasst und selbst ausprobiert werden (Schäferhof 22, Tel.: 0 55 72 / 78 05, www.wahlsburg.de, Mai bis Okt. So 15–17 Uhr, Gruppen außerdem nach Vereinbarung).

Besinnlicher geht es in der **Klosterkirche St. Georg und Maria** aus dem 12. Jh. zu, welche 2003 von der Bundesrepublik Deutschland als „Kulturgut von nationaler Bedeutung" anerkannt wurde. Besonders die kreuzförmige Pfeilerbasilika und der Taufstein im Chorraum lohnen einen Besuch des romanischen Bauwerks (Schäferhof 19, tgl. von 8 Uhr bis zum Einbruch der Dunkelheit geöffnet).

SERVICEINFO

Naturpark Solling-Vogler
(siehe S. 30)

▶ BEVERUNGEN

13.900 Einwohner (S. 186, B2)

Beverungen liegt ganz im Südosten Westfalens im Dreiländereck von Nordrhein-Westfalen, Niedersachsen und Hessen – also dort, wo nicht nur Karl der Große sich schon aufhielt, sondern auch die Brüder Grimm, Wilhelm Raabe und Annette von Droste-Hülshoff gern zu Gast waren. Seit der kommunalen Gebietsreform von 1970 besteht die Stadt Beverungen aus zwölf Stadtteilen mit nunmehr rund 13.900 Einwohnern.

Die **Kernstadt** liegt in einem ausgedehnten Talkessel an der Mündung der Bever in die Weser. Urkundlich wurde sie erstmals in der Mitte des 9. Jh. in den Traditiones Corbeienses erwähnt. Heute präsentiert sich die ehemalige Ackerbürgerstadt, die 1417 das Stadtrecht erhielt, mit ihren 6.500 Einwohnern als moderne Einkaufsstadt und Urlaubsort zum Wohlfühlen in fachwerkbuntem Gepräge.

Schon von Weitem grüßt das Wahrzeichen der Stadt – die um 1330 vom Bischof von Paderborn erbaute **Burg** – die Besucher. Vergangenheit wird genauso lebendig beim

Rathaus (1660) mit Michaelsbrunnen, Cordt-Holstein-Haus (1662) und dem alten Fährhaus (1853), von dem früher eine Fähre ablegte. Hervorzuheben ist ferner das 1611 erbaute ehemalige **Altdeutsche Gasthaus**. An diesem prachtvollen Fachwerkgiebelhaus – übrigens das älteste Gebäude der Stadt – sticht die Utlucht ins Auge: ein befensterter Standerker, der rechteckig vom Boden aufsteigt, von einem kleinen Giebel abgeschlossen wird und nicht nur den Innenraum erweitert, sondern zugleich ein äußeres Stilelement setzt. Diese Bauweise ist ein besonderes regionales Merkmal der Weserrenaissance.

Als wahres Kleinod ist in der katholischen **Barockkirche St. Johannes-Baptist** (1698) das kostbare Altarbild von Johann Georg Rudolphi. Auch die **Kreuzberg-Kapelle** (1859) auf dem stadtnahen Kapellenberg mit seiner traumhaften Aussicht lohnt einen Besuch zu jeder Jahreszeit.

Hier, im Kulturland Kreis Höxter mit der Klosterregion sowie seiner vielfältigen „erlesenen Natur", lässt sich naturnahe Erholung in geschichtsträchtiger Landschaft ebenso auf Schusters Rappen genießen, z. B. auf dem Weser-Bever-Höhenweg oder dem Höhen- und Panoramaweg Kreuzweg Jakobsberg sowie beim Kul-Tour-Radeln. Kulturgenuss pur gibt es bei Theater und Oper, Kabarett und (Rock-)Konzerten in der Stadthalle. Desgleichen bieten die Stadtteile Beverungens eine kulturelle Vielfalt: In **Amelunxen** lockt z. B. der Lebensgarten – ein etwa 4.500 m² großes Areal im Herzen des Dorfes, unmittelbar bei der katholischen Pfarrkirche gelegen.

WESER-SKYWALK

3

Ein Natur- und Aussichtserlebnis par excellence verspricht der Weser-Skywalk auf den fast 100 m hohen Hannoverschen Klippen bei Würgassen. Diese Aussichtsplattform besitzt zwei Ebenen, von denen eine 5 m nach vorn über die Klippen und das Wesertal ragt. Am besten gelangt man zum Weser-Skywalk von Würgassen aus über den sogenannten Holzweg, der an acht Stationen viel Wissenswertes zu den Themen „Holz" und „Wald" präsentiert.

Handwerk zum Anpacken präsentiert das Korbmacher-Museum in **Dalhausen** (Lange Reihe 23, Beverungen-Dalhausen, Tel.: 0 56 45 / 18 23, www.korbmacher-museum.de, April–Okt. Di bis Fr 14–17 Uhr, Sa, So und Feiertage 10–12:30 und 14–17 Uhr, Erw. 1 €, ermäßigt 0,50 €). Die Wallfahrtskirche Mariä Geburt von 1721 verdient es ebenso, besucht zu werden.

Der 1895 angelegte und später wieder aufgegebene Schlosspark in **Wehrden**, unmittelbar am Weser-Radweg und nahe der Personenfähre gelegen, wurde 2003 nach Originalplänen wieder instand gesetzt und bietet mit seinem alten Baumbestand Beschaulichkeit.

Das ehemalige Schifferdorf **Herstelle** hat sich vor allem durch seine Benediktinerinnen-Abtei vom Heiligen Kreuz und ebenfalls durch seine Personenfähre einen Namen gemacht.

Einen Besuch lohnt auch das **Kragstuhlmuseum** im knapp 1,5 km entfernten Lauenförde. Das private Museum beschäftigt sich mit der Entwicklung des modernen Möbeldesigns (Sohnreystraße 10, 37697 Lauenförde, Tel.: 0 52 73 / 3 78 90, www.kragstuhlmuseum.de, März–Dez. Mi bis Fr 15–17 Uhr, Sa 10–12 Uhr, Jan. und Feb. nur Sa, Eintritt frei).

ESSEN & TRINKEN

Hausmannskost

Bürgerstuben

Hersteller Straße 3, Beverungen
Tel.: 0 52 73 / 44 44
Gemütliches Restaurant mit rustikalem Charme. Gutbürgerliche Gerichte in großen Portionen. Mo Ruhetag.

▶ *Blick auf Herstelle.*

Seefahrerschmaus an Land
Hotel Stadt Bremen
Lange Straße 13, Beverungen
Tel.: 0 52 73 / 90 30
www.hotel-stadt-bremen.de
Hotel-Restaurant mit maritim anmutender Einrichtung. Facettenreiche Auswahl einheimischer Spezialitäten und internationaler Gerichte. Täglich geöffnet.

Gutbürgerliche Küche
Landhotel Weserblick
Kasseler Straße 2
Beverungen-Blankenau
Tel.: 0 52 73 / 3 62 20
www.weserbergland.net
Äußerlich rustikales, aber modern eingerichtetes Hotel-Restaurant im Ortsteil Blankenau mit reichhaltiger deutscher Küche. Täglich geöffnet.

Traditionsreich genießen
Fährklause
An der Weser
Beverungen-Wehrden
Tel.: 0 52 73 / 38 95 08
www.faehrklause-wehrden.de
Etwas außerhalb von Beverungen im Ortsteil Wehrden befindet sich das Restaurant in einem ehemaligen Fährhäuschen. Spezialität des Hauses sind Riesenwindbeutel. April–Anf. Okt. täglich geöffnet.

Rustikale Gemütlichkeit
Bauernhof Café Erlenhof
Erlenhof, Beverungen-Herstelle
Tel.: 0 52 73 / 74 61
www.erlenhof-cafe.de
Beschauliches Bauernhof-Café inmitten idyllischer Landschaft im Ortsteil Herstelle. Schöner Gartenbereich für die Sommermonate. Im Bauernladen gibt es die Köstlichkeiten auch zum Mitnehmen.
Mo Ruhetag, außer an Feiertagen.

Traditionell spanische Küche
Don Pepe's Kornhaus
Klingelburgstraße 24
Beverungen-Haarbrück
Tel.: 0 52 73 / 50 89
www.don-pepe-s-kornhaus-cafe.de
Reizvoll eingerichtetes Restaurant im Ortsteil Haarbrück. Mediterrane Spitzenküche mit Einflüssen verschiedener spanischer Regionen.
Mo und Di Ruhetag.

Aus der Gutsbackstube
Rittergut Meinbrexen
Lauenförde-Meinbrexen
Tel.: 0 52 73 / 73 57
www.rittergut-meinbrexen.de
Direkt am Weser-Radweg am Rande des Sollings liegt die barocke Gutsanlage aus dem 17. Jh. Schwerpunkte sind der Anbau von Erdbeeren und Weihnachtsbäumen. Selbstgebackene Kuchen und Torten, herzhafte Kleinigkeiten, Hofladen, Cottage-Deko.
Öffnungszeiten Café: Mai–Ende Okt. täglich geöffnet.

SERVICEINFO
Tourist Information
Weserstraße 16
37688 Beverungen
Tel.: 0 52 73 / 3 92-2 21 und -2 24
www.beverungen-tourismus.de

Mittleres Weserbergland

Eine sagenumwobene Kulturlandschaft

Pittoreske Weserrenaissance-Schlösser, erhabene Altstädte, geheimnisumwitterte Wälder und traumhafte Landstriche – hier vereinen sich idyllische Natur und reichhaltige Kultur zu einem reizvollen Urlaubsparadies. Eine Region zwischen Tradition und Moderne, die man auf den Spuren alter Sagen entdeckt.

▶ FÜRSTENBERG

1.200 Einwohner (S. 186, B2)

Ein kulturtouristischer Leuchtturm im Weserbergland ist das Schlossensemble der traditionsreichen **Porzellanmanufaktur FÜRSTENBERG**. Mit seiner exponierten Lage in der reizvollen Landschaft des Weserberglandes ist die historische Schlossanlage der Renaissance ein ideales Ausflugsziel. Im 13. Jh. diente die Burg noch als wehrhafte Grenzfestung, ehe sie 1545 zerstört wurde. Um 1600 wurde das Gebäude neu errichtet und avancierte zu einem Weserrenaissance-Jagdschloss. 1747 gründete der Herzog von Braunschweig die berümte Porzellanmanufaktur, deren Sitz sich seit der Gründung im Schloss befindet.

Hoch über der Weser und nahe der schönen Fachwerkstadt Höxter gelegen, ist man in Fürstenberg stolz darauf, eine der ältesten Porzellanmanufakturen in Europa und zugleich das einzige **Porzellanmuseum** Norddeutschlands zu betreiben. Auf dem Schlossgelände verspürt man die lange Tradition der Porzellanmanufaktur FÜRSTENBERG, die Mystik des „Weißen Goldes von der Weser“. Hier wird die Geschichte mit dem blauen „F“ aus FÜRSTEN-

Porzellanmanufaktur FÜRSTENBERG

Ein Schloss voller Ideen

FÜRSTENBERG
— 1747 —

Hoch über der Weser liegt das Schloss der **Porzellanmanufaktur FÜRSTENBERG** mit einem atemberaubenden Blick auf das Wesertal.
Im **Porzellanmuseum** im Schloss werden drei Jahrhunderte Porzellankultur aus FÜRSTENBERG dokumentiert. Wechselnde Sonderausstellungen lassen Werke der Kunst und Gestaltung aus der Kulturgeschichte rund ums Porzellan lebendig werden.

Ein besonderer Höhepunkt ist die **Besucherwerkstatt**, in der Einblicke in die Geheimnisse der Herstellung des „Weißen Goldes von der Weser" gewährt werden.

Museumsführungen, Porzellan-Workshops und exklusive Veranstaltungen laden ebenso zu einem Besuch ein wie die renommierte Porzellanmalschule. Sonderveranstaltungen wie der Ostereiermarkt (8 Wochen vor Ostern), Tag der offenen Manufaktur (24.06.2012) und der traditionelle Weihnachtsmarkt am 1. und 2. Adventswochenende runden das Veranstaltungsangebot ab.

Zum Schlossensemble gehört außerdem das **Schlosscafé & Restaurant Lottine** und der **Manufaktur Werksverkauf**, wo in ansprechendem Ambiente die schönsten Kostbarkeiten der Manufaktur und Accessoires rund um den gedeckten Tisch präsentiert und zu günstigen Konditionen angeboten werden.

Die verschiedenen Serviceangebote unter dem Siegel „ServiceQualität Deutschland" und das Siegel „Registriertes Museum" bürgen für einen angenehmen Aufenthalt im Schlossensemble FÜRSTENBERG.

Weitere Informationen

Porzellanmanufaktur FÜRSTENBERG GmbH, Museum im Schloss
T +49 (0) 52 71 / 4 01-1 61 oder 4 01-1 78 · F +49 (0) 52 71 / 4 01-41 63
museum@fuerstenberg-porzellan.com
www.fuerstenberg-porzellan.com

BERG in historischen und aktuellen Sammlungen rund ums Porzellan lebendig. Die umfangreiche Dauerausstellung, die Sonderausstellungen zu wechselnden Themen rund um die Kulturgeschichte des Porzellans, die Führungen durch das Museum, die Workshops und weiteren Programme zum Thema Porzellan laden zu einem erlebnisreichen Besuch ein (Meinbrexener Straße 2, Tel.: 0 52 71 / 4 01-1 61, www.fuerstenberg-porzellan.com, April–Okt. Di bis So und Feiertage 10–17 Uhr, Nov.–März Sa und So 10–17 Uhr, Erwachsene 5,50 €, ermäßigt 3,50 €).
Auch für das leibliche Wohl ist auf dem Anwesen gesorgt. Das schöne **Schlosscafé & Restaurant Lottine** bietet ein reichhaltiges Frühstücksbuffet, verschiedene Torten und saisonale Spezialitäten in fürstlichem Ambiente (Meinbrexener Straße 2, Tel.: 0 52 71 / 49 65 23, www.schlosscafe-lottine.de, Mo Ruhetag).

SERVICEINFO

Tourist-Information Fürstenberg
Meinbrexener Straße 2
37699 Fürstenberg/Weser
Tel.: 0 52 71 / 69 47 17
www.gemeinde-fuerstenberg.de

▶ HÖXTER

31.100 Einwohner (S. 186, B1)

Höxter und seine zwölf Ortschaften liegen bereits auf nordrhein-westfälischem Boden und gehören zur Region des Hochstiftes Paderborn. Die landschaftliche Umgebung der Mittelstadt wird maßgeblich durch die Weser geprägt, welche die Möglichkeit einer Kanu- und Dampfertour sowie eines Ausfluges auf dem Weser-Radweg bietet.

Geschichte

Kaiser Ludwig der Fromme erwarb im Jahr 823 den Landsitz „villa hucxori" sowie das dazugehörige Umland und übergab beides an das neu gegründete Kloster Corvey. Die begünstigte Lage an den damaligen Fernhandelswegen von Bremen nach Kassel und die als „Hellweg" bekannte Ost-West-Verbindung ließen den Konvent schnell wirtschaftlich florieren. 1295 wurde die Stadt Mitglied der Hanse und erschloss somit auch den Wasserweg für ihre Waren.

Schloss Corvey

5

Am Stadtrand liegt das ehemalige Kloster und heutige Schloss Corvey. Das Benediktinerkloster wurde 822 von Kaiser Ludwig dem Frommen gestiftet und erlebte im 9. und 10. Jh. seine Blütezeit. Im Jahr 1792 wurde es in ein Fürstbistum umgewandelt, welches bis 1825 bestehen blieb. Die imposante Schlossanlage mit Kaisersaal beeindruckt besonders durch das Westwerk der barocken Abteikirche – im Klostergebäude selbst ist heute das Museum Corvey untergebracht (Tel.: 0 52 71 / 69 40 10, www.schloss-corvey.de, Mai–Sept. täglich 10–18 Uhr,

April und Okt. Di bis So 10–18 Uhr, Erwachsene 5 €, ermäßigt 2,50 €). Auf einem kleinen Friedhof an der Südseite der Abteikirche befindet sich das Grab von Hoffmann von Fallersleben, der das später als Nationalhymne bekannt gewordene „Lied der Deutschen" schrieb. Sein Wirken als Bibliothekar des herzoglichen Hauses kann man bei einer Besichtigung der 70.000 Bände umfassenden Bibliothek eindrucksvoll nachempfinden, das Fallersleben-Denkmal steht in der Corveyer Allee.

Renaissance erleben

Wie bei vielen Orten der Region prägt auch hier die Weserrenaissance das Gesicht der Stadt. Ein dafür typischer Bau ist das **Rathaus,** dessen unteres Steingebäude aus dem 13. Jh. stammt und dessen obere Fachwerk-Etage im 17. Jh. im Stil der Weserrenaissance umgestaltet wurde. Ein wunderbares Fachwerkensemble bildet der **Ziehlbergsche Adelshof** in der Westerbachstraße. Das Anwesen aus dem 16. Jh. beherbergt heute das Forum des jüdischen Künstlers Jacob Pins, das eine Dauerausstellung zum Schicksal der jüdischen Bevölkerung zeigt (Westerbachstraße 35–37, Tel.: 0 52 71 / 6 94 74 41, www.jacob-pins.de, April–Okt. Di bis So 10–17 Uhr, Nov.–März Di bis So 14–17 Uhr, Erwachsene 3,50 €, ermäßigt 2,50 €, Kinder frei).
Ein weiterer bedeutender Weserrenaissance-Bau ist die **Alte Dechanei.** Die aus zwei Giebeln bestehende Front ist mit mehr als 60 Palmetten versehen. Heute hat hier das katholische Pfarramt seinen Sitz gefunden.
Die historische Altstadt bietet darüber hinaus weitere sehenswerte Fachwerkbauten, einstige Bürgerhäuser und Adelshöfe, die mit ideenreichem Schnitzwerk und vielfältiger Verzierung aufwarten.

▶ *Schloss Corvey.*

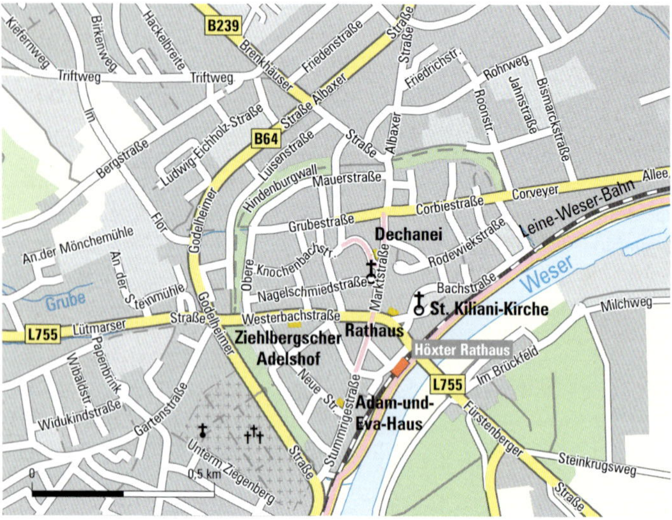

► *Höxter.*

Eines der schönsten Gebäude ist das **Adam-und-Eva-Haus** aus dem Jahr 1571, das neben einer aufwendigen Darstellung der Sünder am Apfelbaum auch die Jungfrau Maria und den Erzengel Gabriel zeigt (Stummrigestraße 27). Ebenfalls in der Stummrigenstraße (Nr. 19) befindet sich das **Haus Horstkotte** von 1554, das durch die kunstvoll geschnitzte Fassade kaum zu übersehen ist.
Ein weiteres markantes Bauwerk der Stadt ist die **Kilianikirche,** die im Jahr 1075 geweiht wurde und als eines der ältesten gotischen Bauwerke Westfalens gilt. Die beiden unterschiedlich hohen Türme der Basilika – der „Stadtturm" mit 45 m und der „Gemeindeturm" mit 48 m – bilden das Wahrzeichen der Stadt. Weitere bedeutende Sakralgebäude bilden die Marienkirche und die Nicolaikirche.
Im Stadtteil Albaxen wurde zu Verteidigungszwecken die **Tonenburg** errichtet. Der wehrhafte Steinbau wird heute als Gaststätte und Hotel genutzt und ist beliebter Treffpunkt für Motorradfahrer (Tel.: 0 52 71 / 92 11 82, www.tonenburg.de, täglich geöffnet).

Freilichtbühne Bökendorf

Unweit von Höxter befindet sich die von einem kleinen Waldstück umsäumte Freilichtbühne Bökendorf. 120 ehrenamtlich Aktive zwischen fünf und 75 Jahren zaubern jedes Jahr ein Erwachsenen- und ein Kinderstück auf die Bühne. Geboten werden neben klassischen und modernen Schauspielen auch Komö-

dien und Musicals. Die überdachte Zuschauertribüne für 1.000 Gäste, eine ausgeklügelte Bühnenanlage sowie die aufwendige Technik und computergesteuerten Effekte tragen zum großen Erfolg des Amateurtheaters bei (Freilichtbühne Bökendorf e. V., 33034 Brakel-Bökendorf, Tel.: 0 52 76 / 80 43, www.freilicht buehne-boekendorf.de).

ESSEN & TRINKEN

Junge Küche

Strullenkrug
Hennekenstraße 10, Höxter
Tel.: 0 52 71 / 77 75
www.wirtshaus-strullenkrug.de
Vereint die Gemütlichkeit eines Wirtshauses mit den Vorzügen moderner Küche. Salatkreationen und regionale Spezialitäten sowie besondere Angebote nach Saison. Täglich geöffnet.

Historisches Ambiente

Restaurant Landsknecht
Stummrigestraße 17, Höxter
Tel.: 0 52 71 / 92 19 86
www.restaurant-zum-landsknecht.de
Klassische deutsche Küche mit frischen Zutaten der Region in den altehrwürdigen Mauern des über 470 Jahre alten, denkmalgeschützten Fachwerkhauses. Mo Ruhetag.

Spanische Häppchen

Ritmo Tapas Bar
Westerbachstraße 28, Höxter
Tel.: 0 52 71 / 9 29 01 56
www.ritmo-hoexter.de
Die Tapas Bar bringt einen Hauch von südländischem Temperament in die historische Altstadt. Die Spezialitäten verschaffen einen schmackhaften Einblick in die facettenreiche spanische Küche. Täglich geöffnet.

Urige Gemütlichkeit

Hotel Niedersachsen
Grubestraße 3–7, Höxter
Tel.: 0 52 71 / 68 80
www.hotelniedersachsen.de
Hier hat man die Wahl zwischen der gemütlichen „Sachsenklause", einer traditionsreichen Bier- und Weinbar, und der „Huxori-Stube", in der üppig geschlemmt werden kann. Täglich geöffnet.

Süße Verführung

Café Pammel
Marktstraße 10, Höxter
Tel.: 0 52 71 / 79 30
www.cafepammel.de
Die hochklassige Confiserie des Cafés sorgt für Genuss vom Feinsten. Neben Frühstücksbuffets gibt es Kuchen, Crêpes, Eis und Pralinen. Spezialität des Hauses ist der „Hexenpunsch", den man im Winter warm und im Sommer eiskalt genießt. Täglich geöffnet.

SPORT & FREIZEIT

Weserbergland-Treck
Linnenstraße 17, Höxter
Tel.: 0 52 75 / 4 97
www.weserbergland-treck.de
Mit dem Weserbergland-Treck – einer von Traktoren gezogenen Planwagenkolonne – erkundet man die schönen Landschaften um den

▶ *In der Innenstadt von Höxter.*

Solling, das Lipperland und den Reinhardswald. Für das leibliche Wohl sorgt ein Proviantwagen. Tagestour pro Person 29 €.

Freizeitanlage Höxter-Godelheim
Die Anlage befindet sich knapp 1,5 km südlich der Altstadt in unmittelbarer Nähe des Weser-Radwegs. Ein weißer Sandstrand lädt zum Baden ein, während Beachvolleyballplätze, ein Kinderspielplatz und eine Inlineskating-Bahn für ausreichend Bewegung sorgen. Weitere Informationen bei der Tourist-Information (siehe unter Serviceinfo).

ABENDGESTALTUNG

S.presso
Stummrigestraße 10, Höxter
Mobil: 01 74 / 3 19 58 86
www.spresso-hoexter.de
Kleine, peppige Bar mit lässig-jugendlicher Atmosphäre. Die Einrichtung ist im Popart-Stil gehalten. Mo Ruhetag.

SERVICEINFO

Tourist-Information Höxter
Historisches Rathaus
37671 Höxter
Tel.: 0 52 71 / 1 94 33
www.hoexter-tourismus.de

▶ HOLZMINDEN

20.100 Einwohner (S. 186, C1)

Idyllische Wasserlage

Das am östlichen Weserufer gelegene Holzminden grenzt an die Mittelgebirgszüge Vogler und Solling. Hier prägen ruhige Flussläufe und hügelige Anhöhen das Bild. Namensgebend ist die Holzminde, die die niedersächsische Kreisstadt in Südost-Nordwest-Richtung durchfließt und unmittelbar hinter dem Stadtgebiet in die Weser mündet. Hier verläuft die Grenze zum Bundesland Nordrhein-Westfalen.

„Stadt der Düfte und Aromen"

Früher wurde in Holzminden vorwiegend Holz und Sollingsandstein verarbeitet, bevor sich die Riech-

und Geschmacksstoffindustrie ansiedelte, die heute den vorherrschenden Wirtschaftszweig darstellt. Seit dem Jahr 2003 bewirbt sich die Stadt offiziell mit dem Slogan „Stadt der Düfte und Aromen". Im Zuge dieses Projekts ließ man sich eine touristische Besonderheit einfallen, die in ihrer Form wohl einzigartig ist. Das **„duftende Besucherleitsystem"** führt auf 18 Stationen durch die Stadt und bietet an jedem Standort Wissenswertes zu den Sehenswürdigkeiten und einen dazu passenden Duft. Während man Holzminden so getreu dem Motto „immer der Nase nach" erkundet, erfährt man nebenher auch allerlei über die Herstellung und Wirkung solcher Aromastoffe und deren Verbindung mit der Stadt.

Alte Bauwerke und Kultur

Überregional bekannt ist das **Tilly-Haus** aus dem Jahr 1609. Dieses Datum kann man auch dem auffälligen Sandsteinportal entnehmen, das dem Renaissancebau vorsteht. Inmitten der Innenstadt steht die **Luther-Kirche**, die ehemals als Marien-Kirche bekannt war. Davon zeugt ein Stein an der südwestlichen Turmecke, der die Inschrift „MDVI MARIA" trägt. Ihr 63 m hoher, spitz zulaufender Turm ist schon von Weitem sichtbar. Ebenfalls hoch hinaus geht es am **Kaiser-Wilhelm-Turm** am südlichen Stadtrand. Von der Plattform des Sandsteinbaus genießt man die schöne Aussicht über Holzminden. Am Fluss liegt die **historische Hafen- und Werftanlage** aus dem 18. Jh., über die der Handel auf dem Wasserweg lief. An der Weserbrücke findet sich das **Museumsschiff „Stör"**, das mittlerweile zwar geschlossen, aber trotzdem ein Wahrzeichen der Stadt ist. Besondere kulturelle Bedeutung kommt dem **Wilhelm-Raabe-Brunnen** zu, der eine Skulptur der Figur des Klaus Eckenbrecher zeigt, der dem bekannten Heimatbuch „Heiliger Born" entstammt.

▶ *Tillyhaus.*

▶ *Am Johannismarkt in Holzminden.*

ESSEN & TRINKEN

Traditionsreich genießen

Heller's Krug
Altendorfer Straße 19, Holzminden
Tel.: 0 55 31 / 20 01
www.hellerskrug.de
Das Hotel-Restaurant ist seit über 250 Jahren in Familienbesitz. Monatlich wechselnde saisonale Gerichte und gut sortierte Weinkarte. Täglich geöffnet.

Rustikal mediterran

Gaststätte Forstwirtschaft
Forst 7, 37639 Bevern
Tel.: 0 55 31 / 9 90 72 94
www.alter-weserhof.de
Idyllisch gelegenes Restaurant im 5 km entfernten Bevern. Interessante Mischung aus regionaler und südländischer Küche. Tgl. geöffnet.

BEVERN UND MARIENMÜNSTER

Ein schönes Ausflugsziel knapp 5 km nordöstlich von Holzminden ist das schön gelegene **Bevern** (4.000 Einwohner). Die sanfte Hügellandschaft überblickt man am besten von dem Ebersnackenturm. Ein charakteristischer Weserrenaissance-Bau ist Schloss Bevern. Hinter der reich verzierten Fassade verbirgt sich die Erlebniswelt Weserrenaissance, in der man den Werdegang des einstigen Burgherren Statius von Münchhausen nacherleben kann (Tel.: 0 55 31 / 1 21 64 36, April–Okt. Di bis So und Feiertage 9–17 Uhr, Erwachsene 5 €, Kinder bis 16 Jahre 3 €).
Ebenfalls einen Besuch wert ist **Marienmünster** (5.300 Einwohner). Der Luftkurort ist von einem schönen Wald gesäumt und bettet sich malerisch in das umliegende Hügelland ein. Mit Schloss Vörden findet sich hier ebenfalls ein prachtvolles Herrenhaus. Das Bauwerk ist im Barock gehalten und thront imposant auf einer Anhöhe. Wer den 325 m hohen Hungerberg überwindet, kann vom Aussichts- und Museumsturm den Ausblick über die umliegende Landschaft genießen (ganzjährig kostenlos möglich). Außerdem erinnert das Bauwerk an die ehemalige Telegrafenlinie Berlin-Koblenz und trägt einen symbolischen Signalmast auf der Spitze.

MIT KINDERN UNTERWEGS

Naschgarten
An der Bleiche 1, Holzminden
Tel.: 05 11 / 3 88 11 89 39
www.naschgarten.com
Auf einer Grünfläche am Weserufer

ist ein schön gestalteter Treffpunkt entstanden, der Kindern den Spaß an Bewegung vermitteln soll. Mit duftenden und essbaren Pflanzen wird den Kleinen ein Stück Natur nähergebracht. Eintritt frei.

SERVICEINFO

Touristinformation
Markt 2
37603 Holzminden
Tel.: 0 55 31 / 99 29 60
www.stadtmarketing-holzminden.de

▶ NEUHAUS UND SILBERBORN

(S. 186, C2)

Traumhafte Natur hoch zwei

Bei Neuhaus im Solling handelt es sich um eine neuzeitliche Gründung, die im Verlauf des 16. Jh. entstanden sein dürfte. In den Kirchen des Hochsolling machen zahlreiche Pilger Station, die dem Weg Loccum-Volkenroda folgen. Seit dem Jahr 1973 gilt Neuhaus als Ortschaft Holzmindens. Im gleichen Jahr wurde auch der Ferienort Silberborn eingemeindet. Etymologisch bezeichnet der Namen einen „Silberbrunn" oder eine „silberne Quelle". Neuhaus und Silberborn sind hervorragende Ausgangspunkte für Unternehmungen in der schönen Natur, sie liegen inmitten des Naturparks Solling-Vogler.

Eine Oase im Grünen

Der Ort Neuhaus und das idyllische Silberborn liegen landschaftlich schön eingebettet inmitten des Sollings und bieten ein angenehmes Mittelgebirgsklima. Auf einer Höhe von knapp 450 m ü. NN findet man ausgedehnte Wälder, liebliche Täler und kühle Bächlein.
Im Naturpark Solling-Vogler steht Mountainbikern ein Streckennetz von mehr als 760 km mit über 14.000 Höhenmetern zu Verfügung, während sich Wanderer über zahlreiche Touren durch den Naturpark freuen dürfen. Südlich von Silberborn befindet sich auf dem Moosberg der **Aussichtsturm Hochsolling**.

NATURPARK SOLLING-VOGLER

Der 55.000 ha große Naturpark lockt über sämtliche Jahreszeiten hinweg mit seiner wunderbaren Landschaft Natur- und Outdoorbegeisterte an. Große Waldflächen breiten sich über die schmalen Hügel und Bergrücken aus. Einer der beeindruckendsten Abschnitte des Parks ist das Hochmoor Mecklenbruch inmitten des Hochsolling. Ein Rundweg führt durch den faszinierenden Naturraum mit interessanter Vegetation und einzigartiger Tierwelt.
In Silberborn startet zwischen Mai und Oktober jeweils mittwochs um 9:30 Uhr eine zweistündige, geführte Tour zum Preis von 3 €, auf der man Wissenswertes über das Waldgebiet und die Entwicklung des Moores erfährt.
Weitere Informationen erhält man bei der Geschäftsstelle des Naturparks:
Lindenstraße 6
37603 Holzminden-Neuhaus
Tel.: 0 55 36 / 13 13
www.naturpark-solling-vogler.de.

▶ *Aussichtsturm Hochsolling.*

Wer die 180 Stufen des Holzturmes überwindet, genießt einen phänomenalen Ausblick über das Weserbergland bis zum Eggegebirge. Besonders naturnah geht es im **Wildpark Neuhaus** zu. Das angeschlossene Waldmuseum thematisiert den teilweise sehr alten Baumbestand der Mischwälder (Hirtenweg 12, Tel.: 0 55 36 / 2 22, www.wildpark-neuhaus.de, Mai–Okt. 9–19 Uhr, Nov.–April 9–17 Uhr, Erwachsene 3 €, Kinder bis 18 J. 2 €). Der **Erlebnispfad Sandwäsche** informiert über die Quarzsandvorkommen der Region, die den im Solling ansässigen Glashütten als Rohstoff dienten.

DAS „DOPPELTE NEUHAUS“

Die sogenannte Welfische Teilung verursachte eine kuriose Entwicklung: Die neu gezogenen Demarkationslinien zwischen dem Kurfürstentum Hannover und dem Herzogtum Braunschweig verliefen fortan entlang der Holzminde und der Dölme. Nun entstanden unabhängig voneinander zwei Gemeinden mit dem Namen Neuhaus, jeweils auf ihrer Seite der Grenze. Damals existierten ein preußisches und ein braunschweigisches Neuhaus.

ESSEN & TRINKEN

Kreative Gourmetküche

Hotel „Landhaus Sollingshöhe“
Dasseler Straße 15
Holzminden-Silberborn
Tel.: 0 55 36 / 9 50 80
www.hotel-sollingshoehe.de
Das „Alte Scheune“ genannte Restaurant wurde bereits mehrfach ausgezeichnet. Aus frischen Zutaten entstehen international angehauchte Gerichte mit regionalen Einflüssen. Täglich geöffnet.

▶ *Im TreeRock Abenteuerpark.*

Regionstypische Gerichte

Hotel-Restaurant Schatte
Am Wildenkiel 15
Holzminden-Neuhaus
Tel.: 0 55 36 / 9 51 40
www.hotel-schatte.de
In dem ansprechend eingerichteten Restaurant werden regionale Spezialitäten wie Spargel, Hutewald-Rind, Wild- und Pilzgerichte angeboten. Als Mitglied des Uslarer Wirte-Workshops legt man besonderen Wert auf einheimische Produkte und neue Trends. Täglich geöffnet.

SPORT & FREIZEIT

TreeRock Abenteuerpark Hochsolling
Schießhäuser Straße 8, Silberborn
Tel.: 05 21 / 32 99 20 18
www.treerock.de
April–Okt. Fr 14–19 Uhr, Sa, So und Feiertage 10–19 Uhr, Oster-, Herbst- und Sommerferien von Niedersachsen und Nordrhein-Westfalen täglich 10–20 Uhr, Erwachsene 20 €, Jugendliche 14–17 J. 18 €, Kinder 6–13 J. 14 €.
Der Kletter- und Abenteuerpark sorgt für Nervenkitzel und Spaß, wenn es unter den Baumwipfeln auf die sechs Kletterrouten in verschiedenen Schwierigkeitsstufen geht.

Mountainbike-Touren
Zwischen Mai und Oktober finden an einzelnen Terminen geführte Mountainbiketouren inklusive Verpflegung statt. Einzelfahrer 15 €, Familien 35 €.
Weitere Informationen bei der Touristik-Information Hochsolling (s. u.).

SERVICEINFO

Touristik-Information Hochsolling
Lindenstraße 6
37603 Holzminden-Neuhaus
Tel.: 0 55 36 / 10 11
www.hochsolling.de

▶ DASSEL

10.200 Einwohner (S. 187, D1)

Naturnähe und Tradition

Die Kleinstadt liegt, umgeben von Höhenzügen und dichten Wäldern, am nordöstlichen Rand des Sollings. Einen wunderbaren Einblick in die idyllischen Wälder bekommt man auf dem **Waldlehrpfad Dassel-Solling**, der auf einer Länge von knapp 4 km den Baumbestand sowie die Pilz- und Vogelarten näherbringt. Speziell für Kinder ist der **Wichtelpfad** geeignet. Der 1,5 km lange Parcours führt zu mehreren interessanten Stationen, an denen die Kinder Wissenswertes zum Thema Wald und Umwelt erfahren. Die **„Abbecker Eichen"** wurden Ende des 18. Jh. anlässlich der Gründung der gleichnamigen Siedlung gepflanzt und sind mittlerweile unter Naturschutz gestellt.

In einem historischen Fachwerkbau ist das **Museum Grafschaft Dassel** untergebracht. Die Ausstellung beschäftigt sich mit der Stadtgeschichte und der Rolle der ansässigen Grafschaft (Teichplatz 1, Tel.: 0 55 64 / 4 56, April–Okt. So 15–18 Uhr, Eintritt frei). Gleich nebenan befindet sich die historische **Blankschmiede Neimke**, die bereits seit der frühen Industrialisierung mittels Wasserkraft arbeitete. Das Technikmuseum beleuchtet die Verfahrensweisen der Eisenverarbeitung (Teichplatz 2, Tel.: 0 55 64 / 27 21, Erwachsene 2 €, Kinder und Jugendliche 1,50 €).

ESSEN & TRINKEN

Gutbürgerlich genießen

Bartel's Scheune
Wannekamp 6, Dassel
Tel.: 0 55 62 / 93 08 37

▶ *Auf dem Wichtelpfad trifft man auf ein paar lustige Gesellen.*

▶ *Museum und Blankschmiede Neimke.*

www.bartels-scheune.de
Gemütliche Gaststätte mit deutscher Küche. Serviert werden schmackhafte Toasts, Schnitzel- und Steakgerichte sowie leichtere Fisch- und Geflügelvariationen. Mo Ruhetag.

Idyllische Lage
Waldgasthof Abbecke
Abbecke 10, Dassel
Tel.: 0 55 64 / 87 15
www.abbecke.de
Inmitten der unter Naturschutz gestellten „Abbecker Eichen“ befindet sich der gutbürgerliche Gasthof. Auf der Speisekarte stehen traditionelle Wildspezialitäten aus der Region. Mo Ruhetag.

SPORT & FREIZEIT

Disc-Golf-Anlage
Erhohlungsheimstraße, Dassel
Tel.: 0 55 64 / 20 30
www.discgolf-dassel.de
Die Trendsportart ist eine Kombination aus Golf und Frisbee. Mit drei verschiedenen Scheibentypen löst man die kniffligen Parcours, bis man schließlich „einnetzt“.
Leihgebühr 2 € für 2 Runden. Nach telefonischer Vereinbarung ist auch eine Einführung möglich.

SERVICEINFO

Touristinformation
Südstraße 1, 37586 Dassel
Tel.: 0 55 64 / 2 02 33
www.stadt-dassel.de

TÖPFERDORF FREDELSLOH

!TIPP

Dank der hochwertigen Tonvorkommen, die im Raum Fredelsloh seit fast 1.000 Jahren abgebaut werden, hat sich in dem kleinen Dorf eine bemerkenswerte Künstler- und Töpfergemeinde etabliert. Neben der im Laufe der Jahrhunderte immer weiter perfektionierten Fredelsloher Keramikherstellung, versammeln sich hier Korbmacher, Drechsler, Kerzen- und Puppenmacher sowie viele weitere kunstgewerbliche Handwerksbetriebe und geben dem Ort ein ganz besonderes Flair.

Sehenswert ist darüber hinaus die Klosterkirche St. Blasii und Marien, die einen Eindruck von der umfangreichen, aber nicht mehr erhaltenen Klosteranlage aus dem 12. Jh. vermittelt.

SERVICEINFO

Touristik-Information
Töpferdorf Fredelsloh e.V.
Deichstraße 2
37186 Fredelsloh
Tel.: 0 55 55 / 3 05
www.toepferdorf-fredelsloh.de

▸ EINBECK

26.400 Einwohner (S. 187, E1)

Kirchenlandschaft

Die ehemalige Hansestadt Einbeck ist von ihren zahlreichen Gotteshäusern geprägt. Der eindrucksvollste Bau ist die evangelische **St. Jacobi-Kirche**, deren 65 m hoher Turm den Marktplatz überragt. Besonders auffällig ist, dass der Turm sich leicht zur Seite neigt – nach Vorbild seines „großen Bruders" in Pisa ist er knapp eineinhalb Meter aus dem Lot geraten. Künstlerische Kleinodien befinden sich in der **Münsterkirche St. Alexandri** am oberen Ende des Steinweges. Namensgebend ist die lebensgroße Holzfigur des Heiligen Alexander, einem mit Schild und Rüstung dargestellten Märtyrer des frühen Christentums. Die katholische **St. Josef-Kirche** zeigt von außen filigrane Formen, während im Inneren Doppelbögen und weiße Wandflächen mit roten Ziegelkanten für optische Akzente sorgen.

Altstadt mit Fachwerkpracht

Der historische Stadtkern erinnert an eine spätmittelalterliche Fachwerkstadt. Passend dazu führt die Deutsche Fachwerkstraße durch Einbeck. Ein Weserrenaissance-Vertreter par excellence ist das **Eickesche Haus**, das aufgrund seines meisterlichen Schnitzwerks als „Baudenkmal von besonderer nationaler und kultureller Bedeutung" eingestuft wurde. Am südlichen Marktplatz steht das Wahrzeichen der Stadt: das dreitürmige **Alte Rathaus**. Zwei der Türme erheben

▸ *Bierdiplom im Fass des Brodhauses.*

sich zinnenartig über dem Eingang der Westseite, während einer den östlichen Erker ziert. Ebenfalls interessant ist das **Brodhaus**, das zwar mit weniger Schnitzwerk und Verzierungen versehen ist, dafür aber bis 1333 zurückgeht. Der Sitz der städtischen Bäckerinnung wurde der Bäckergilde von Augustinermönchen überlassen, die im Gegenzug mit Oblaten für das Abendmahl versorgt wurden. Diese Vereinbarung wurde erst nach dem zweiten Weltkrieg gelöst.

Gelebte Tradition

Die Tradition des Bierbrauens ist in Einbeck jahrhundertealt. Das **Einbecker Brauhaus** produziert bereits seit mehr als 750 Jahren das „flüssige Gold". Das Einbecker Bier ist der Urvater aller Bockbiere. Durch den hohen Alkoholgehalt lange haltbar, avancierte es in kürzester Zeit zum Verkaufsschlager innerhalb der Hanse. Schnell wurde die Idee exportiert und einige Braumeister nach München abgeworben. Dort entwickelte sich aus dem anfänglich „Einpökisch Bier" im Bayerischen über „Oanpock" die Bezeichnung „Bockbier". Diese Erfolgsgeschichte schrieben auch kleinere Braustuben weiter – phasenweise hatte mehr als die Hälfte der städtischen Gebäude das Braurecht. Ein weiteres Handwerk, das angesichts der dominierenden Rolle des Bieres gerne vergessen wird, ist der Blaudruck. Das ansässige Familienunternehmen **Einbecker Blaudruck** betreibt diesen bereits seit mehr als 360 Jahren und fertigt in aufwendigem Prozess Decken, Läufer und Accessoires (Möncheplatz 4, Tel.: 0 55 61 / 33 50, www.einbecker-blaudruck.de, Ladengeschäft: Mo–Fr 9–18 Uhr, Sa 9–13 Uhr, Führungen über Tourist-Info Einbeck). Bei der alten Textildruck-Technik werden blau-weiße Muster in Handarbeit auf Leinen und Baumwolle gedruckt. Dafür werden Vorlagen aus Buchsbaum- oder Birnbaumholz verwendet, aus denen das jeweilige Muster vorher herausgestochen wird.
Bis in die zwanziger Jahre des letzten Jahrhunderts lässt sich auch die Senfherstellung in Einbeck

▶ *Eickesches Haus.*

zurückverfolgen. Die **Einbecker Senfmühle** hat diese Tradition wiederbelebt und produziert mitten in der Einbecker Altstadt in traditionellem Steinmahlverfahren Senf nach eigenen Hausrezepturen. Die vier produzierten Geschmackslinien Küchensenf, Chili, Kräutersenf und Feinsüss sind schon an ihren Etikettfarben zu erkennen und bilden das Geschmacksfundament der Einbecker Senfspezialitäten. Nur Rohstoffe aus biologischem Anbau und vornehmlich aus der Region werden in der ökozertifizierten Senfmühle handwerklich zu bestem Senf verarbeitet. Besichtigungen sind auch hier möglich. Die Vielfältigkeit des Einbecker Senfs zeigt das Senfmenü, das im Restaurant des Hotels „Der Schwan" angeboten wird.

ESSEN & TRINKEN

Wohlfühlambiente

Altstadt Café
Maschenstraße 9, Einbeck
Tel.: 0 55 61 / 7 53 53
www.altstadtcafe-einbeck.de
Das schöne Café liegt in einem ehemaligen Klarissen-Kloster in der Altstadt. Auf den beiden Ebenen des Fachwerkgebäudes und dem romantischen Innenhof darf man sich kulinarisch verwöhnen lassen. Täglich geöffnet.

Kaffee und Kuchen

Antik Café
Köppenweg 3, Einbeck
Tel.: 0 55 61 / 43 28
Schönes Café am Rand der Altstadt mit stimmungsvoller Einrichtung und freundlichem Personal. Mo Ruhetag.

Gutbürgerliche Küche

Restaurant Brodhaus
Marktplatz 13, Einbeck
Tel.: 0 55 61 / 92 41 69
In dem bodenständigen Restaurant sitzt man in umfunktionierten alten Bierfässern, die ein urig-gemütliches Ambiente schaffen. Täglich geöffnet.

Rustikal genießen

Einbecker Hof
Neuer Markt 20, Einbeck
Tel.: 0 55 61 / 9 32 70
www.einbeckerhof.de
Das romantische Hotel-Restaurant bietet deutsche, internationale und mediterrane Küche. Bei gutem Wetter lädt der Biergarten zum Verweilen ein. Täglich geöffnet.

Typisch griechisch

Restaurant Hellas
Oleburg 10, Einbeck
Tel.: 0 55 61 / 7 55 57
www.kosta-hellas.de
Gemütliches griechisches Restaurant in der Einbecker Fußgängerzone. Breite Auswahl aus deftigen Gerichten und Platten für mehrere Personen. Mo Ruhetag.

Schnitzelspezialitäten im Grünen

Waldhaus Einbeck
An den Teichen 1, Einbeck
Tel.: 0 55 61 / 97 11 71

BIERPROBE TIPP

Dabei lernt man eines der wichtigste Einbecker Erzeugnisse kennen: das Bier. Historische Figuren – etwa ein Braumeister oder eine Braumagd – bereiten den Empfang und geben einen ersten Einblick in die lange Brautradition, bevor es zu einer Bierprobe (23 €/Person, Mindestteilnehmer 25) geht oder sogar das „Einbecker Bierdiplom" (14,50 €/Person, ab 10 Personen) abgelegt wird. Buchungen nimmt die lokale Touristinformation entgegen (s. u.).

www.waldhaus-einbeck.de
Die idyllisch gelegene Gaststätte bietet eine vielfältige Schnitzelkarte. Neben verschiedenen Stuben steht auch ein Biergarten mit wunderbarer Sonnenterrasse zur Verfügung. Mo und nach Feiertagen Ruhetag.

Alpenländisches Flair
Hasenjäger
Hubeweg 119, Einbeck
Tel.: 0 55 61 / 9 30 20
www.hotel-hasenjaeger.de
Schöne Gaststätte mit traumhaftem Ausblick über Einbeck. Auf der Speisekarte finden sich Fleisch-, Fisch- und Wildspezialitäten. Mi und Sa sorgt die Grillhütte über die Sommermonate für Feines vom Rost. Täglich geöffnet.

Aussichtsreich genießen
Einbecker Sonnenberg
Am Brockenblick 2
Einbeck-Negenborn
Tel.: 0 55 61 / 79 50
www.einbecker-sonnenberg.de
Das im Ortsteil Negenborn gelegene Hotel-Restaurant bietet wechselnde mehrgängige Menüs und leckere A-la-Carte-Gerichte. Täglich geöffnet.

Oase für Genießer
Hotel „Der Schwan"
Tiedexer Straße 1, Einbeck
Tel.: 0 55 61 / 46 09
www.schwan-einbeck.de
In dem liebevoll mit Antiquitäten ausgestatteten Restaurant werden Köstlichkeiten der leichten, modernen, auch regionalen Küche angeboten. Eine Besonderheit ist das Senfmenü mit Senf aus der Einbecker Senfmühle.

SPORT & FREIZEIT

Stadtmuseum Einbeck
Steinweg 11/13, Einbeck
Tel.: 0 55 61 / 97 17 10
www.stadtmuseum-einbeck.de
Di–So 11–16 Uhr, Erwachsene 4 €, ermäßigt 2,50 €, Kinder bis 14 J. 1 €. Das Museum unterteilt sich in verschiedene Fachbereiche. Darunter das RadHaus, eines der führenden Fahrradmuseen der Bundesrepublik mit ausgefallenen Exponaten. Obligatorisch ist natürlich eine Ausstellung rund um das Thema Bier.

SERVICEINFO

Touristinformation
Eickesches Haus, Marktstraße 13
37574 Einbeck
Tel.: 0 55 61 / 3 13 19 10
www.einbeck-tourismus.de

▶ STADTOLDENDORF

5.500 Einwohner (S. 185, E5)

Traditionsbauten

Dass Tradition in Stadtoldendorf groß geschrieben wird, erkennt man nicht zuletzt am alljährlichen „Tag des offenen Denkmals", an dem die zahlreichen historischen Stätten der Stadt im Zentrum der Aufmerksamkeit stehen. Die altehrwürdigen Bauten führen einem die tiefe Verwurzelung mit der Vergangenheit eindrucksvoll vor Augen.

An das Mittelalter erinnert die **Ruine Homburg**, die oberhalb der Stadt thront, wegen Einsturzgefahr allerdings nicht begehbar ist. In der Kernstadt finden sich einige Reminiszenzen vergangener Epochen. Der **Ratskeller** stammt aus dem Jahr 1621 und wurde als Bürger- und Brauhaus erbaut. Es diente nach dem Dreißigjährigen Krieg bis Mitte des 19. Jh. als Rathaus, wurde in dieser Funktion aber von dem **Alten Rathaus** abgelöst, das eine noch vielfältigere Nutzung erfahren sollte. Außer als Verwaltungssitz wurde es u. a. auch als Feuerwache, Polizeistation und Zuflucht für Kriegsflüchtlinge genutzt. Heute ist es ein Veranstaltungs- und Ausstellungsort. In kleinem, aber feinem Rahmen werden hier auch regelmäßig **Weltklassik-Konzerte** am Klavier abgehalten (Tel.: 0 49 27 / 18 79 49, www.weltklassik.de).

Beste Aussichten

Durch die reizvolle landschaftliche Umgebung entstand in und um Stadtoldendorf eine Vielzahl von Aussichtspunkten. Der bekannteste darunter ist der **Försterbergturm** aus dem 13. Jh., der das von Weitem sichtbare und den Ort überragende Wahrzeichen ist. Das historische Mauerwerk wurde in den 1930er Jahren mit Fachwerk nach dem Vorbild der einstigen Tortürme versehen.

▶ *Marktansicht von Stadtoldendorf.*

ESCHERSHAUSEN !TIPP

Exakt 8 km nördlich von Stadtoldendorf liegt das beschauliche Eschershausen (3.500 Einwohner). Hier dreht sich vieles um den Schriftsteller Wilhelm Raabe (1831–1910), der sich in Deutschland unter dem Pseudonym **Jakob Corvinus** einen Namen machte. Dem bekanntesten Sohn der Stadt ist neben dem Wilhelm-Raabe-Denkmal auch der 60 km lange **Raabe-Wanderweg** gewidmet, der auf literarischen Spuren von Eschershausen nach Fürstenberg führt.
Einen nostalgischen Blick zurück wirft auch das **Motorradmuseum Wickensen** und zwar mit einer Ausstellung alter Maschinen und einem den 1960er Jahren nachempfundenen Sandstrand (Wickensen 16, 37632 Eschershausen, Tel.: 0 55 34 / 94 14 80, Fr bis So 11–18 Uhr, Eintritt frei).
Im nahegelegenen Mittelgebirgszug des Ith kommen neben Kletterern auch Segelflugfreunde auf ihre Kosten. Informationen hält die Luftsportvereinigung Ithwiesen bereit (Vor dem Tore 8, 37632 Eschershausen, Tel.: 0 55 34 / 23 92, www.ithwiesen.de).

Zudem bietet sich von der hohen Warte ein traumhafter Rundumblick über die Stadt und die umliegenden Gebirgszüge. Eine Erinnerung an die Stadtbefestigungsanlage aus dem späten 13. Jh. ist der ortsmittig gelegene **Hagentorturm**, der das 1858 abgerissene Tor überdauerte. Die dritte Station ist der **Kellbergturm**. Liebevoll „Eiserner Oskar" genannt, thront der Turm seit 1906 auf dem gleichnamigen Kellberg. Die Stahlkonstruktion dient als Aussichtspunkt und war einst auf Initiative des Fabrikanten Oscar Wolff errichtet worden. Nach mehreren Sperrungen wegen Baufälligkeit ist es einem Förderverein zu verdanken, dass die Plattform seit 2007 wieder öffentlich zugänglich ist.

ESSEN & TRINKEN

Gute deutsche Küche
Haus am Eberbach
Linnenkämper Straße 26
Stadtoldendorf
Tel.: 0 55 32 / 30 03
www.haus-am-eberbach.de
Freundlich eingerichtetes Restaurant, in dem alles von der klassischen Currywurst bis zum leckeren Rumpsteak auf den Teller kommt. Täglich geöffnet.

Schnitzel satt
Restaurant unter der Homburg
Linnenkämper Straße 33
Stadtoldendorf
Tel.: 0 55 32 / 9 95 76 96
www.restaurant-unter-der-homburg.de
Gutbürgerliche Küche mit einer Vielzahl an Schnitzelvariationen. Das bodenständig eingerichtete Haus sorgt für gemütliche Atmosphäre. Mit Biergarten für die Sommermonate. Di Ruhetag.

Kulinarisches Verwöhnerlebnis
Precise Hotel
Hoopstraße 2, Stadtoldendorf
Tel.: 0 55 32 / 50 60
www.precisehotels.com

▶ *Altes Rathaus Stadtoldendorf.*

Edles Hotelrestaurant in einer umgestalteten Rothschild-Villa. Serviert wird kreativ zubereitete internationale Küche auf hohem Niveau. Täglich geöffnet.

SPORT & FREIZEIT

Freizeitpark Mammut
Yorckstraße 5, Stadtoldendorf
Mobil: 01 72 / 5 70 97 90
www.fpmammut.de
Das 60 Hektar große Offroadgelände sorgt für rasanten Fahrspaß mit Geländewagen abseits von Asphaltstraßen und Leitplanken. Ein Campingareal und eine Pension bieten Übernachtungsmöglichkeiten. Landrover können vor Ort gemietet werden, alternativ kann man ein eigenes geländegängiges Fahrzeug benutzen.

MIT KINDERN UNTERWEGS

Freibad Stadtoldendorf
Jahnweg 1, Stadtoldendorf
Mitte Mai–Mitte Sept. Mo bis Fr 8–19:30 Uhr, Sa/So/Feiertage 9–19 Uhr, Erwachsene 2,20 €, Kinder 3–17 Jahre 1 €.
Beheiztes Freibad mit verschiedenen Becken idyllisch am südlichen Ortsrand gelegen. Eine große Wasserrutsche und der Kinderspielplatz sorgen für Kurzweil bei den kleinen Gästen.

Freibad Eschershausen
Am Freibad 4, 37632 Eschershausen
Tel.: 0 55 34 / 5 40
Mitte Mai–Mitte Sept. täglich 12–20 Uhr, Erwachsene 2,50 €, Kinder 4–17 Jahre 1,20 €.
Im knapp 8 km entfernten Eschershausen befindet sich das beheizte Mineralwasserfreibad mit Schwimmer-, Nichtschwimmer- und Planschbecken sowie weiteren Attraktionen wie dem 1 m- und 3 m-Sprungturm.

SERVICEINFO

Touristinformation
Kirchstraße 4, 37627 Stadtoldendorf
Tel.: 0 55 32 / 9 00 50
www.eschershausen-stadtolden dorf.de

▶ BODENWERDER-POLLE

15.600 Einwohner (S. 185, D/E 4/5)

Heimat des „Baron von Münchhausen"

Bodenwerder wurde als Heimatstadt des „Lügenbarons" Hieronymus Carl Friedrich Freiherr von Münchhausen weltbekannt. Der berühmte Adelige wusste schon immer mit seinem Erzähltalent und außerge-

wöhnlichen Geschichten zu unterhalten. Sein Erbe lebt in zahlreichen Bauten und Einrichtungen weiter und lockt jährlich Zehntausende Besucher an.
Der **Münchhausen-Gutshof** vereint drei Gebäude in sich: Das Herrenhaus, die ehemalige Brennerei und die sogenannte „Schulenburg".
In diesem historischen Gebäude befindet sich das **Münchhausen-Museum.** Hier zeichnet eine unterhaltsame Ausstellung von Familienstücken, Dokumenten und Bildern den Lebensweg des Barons nach. Dazu gehört natürlich auch das Buch über die Reisen und Abenteuer Münchhausens, das zum Weltbestseller wurde (Münchhausenplatz 1, Tel.: 0 55 33 / 40 91 47, April–Okt. täglich 10–17 Uhr, Erwachsene 2,50 €, Kinder bis 14 Jahre 1,50 €).

Die einstige Weserinsel

Landschaftlich bettet sich Bodenwerder am Rande des Voglers im Wesertal ein. Hier mündet die Lenne in die Weser. Die erste Ansiedlung entstand unweit des damaligen Klosters Kemnade um das Jahr 960. Der Lage auf der kleinen Weserinsel hat die Stadt ihren lateinischen Namen „Insula" zu verdanken. Damit war übersetzt eine Insel im Fluss – oder ein Werder – gemeint. Im Mittelalter ging die Stadt in den Besitz des Ritters Heinrich II. von Homburg aus dem Kloster Corvey über. Im Jahre 1340 erbauten die Homburger Bodonen eine wehrhafte Anlage mit Türmen. Daher erweiterte sich der lateinische Name auf „bodonis insula", was nichts anderes bedeutet als „Insel der Bodonen". Daraus entstand schließlich die deutsche Bezeichnung Bodenwerder.

Kirchen und Türme

Bodenwerder bietet eine sehenswerte Kirchenlandschaft. In dem nach dem Kloster benannten Ortsteil Kemnade steht die ehrwürdige romanische **Klosterkirche St. Marien**. Einst wurde sie als Gotteshaus eines adligen Damenstifts erbaut. Im Dreißigjährigen Krieg folgte die teilweise Zerstörung, die abgesehen von einem verkürzten Längsschiff aber repariert werden konnte. Im 19. Jh. kam der Glo-

▶ *Der Baron von Münchhausen und Aschenputtel.*

ckenturm hinzu und der Innenraum erfuhr eine Neugestaltung, die rund um das Hauptwerk der Strahlenkranzmadonna für neue stilistische Kontraste sorgte. Als neuer Bau über älteren Grundmauern entstand um 1410 die **St. Nicolai-Kirche**. Die gotische Hallenkirche verfügt seit den 1960er Jahren über eine bemerkenswerte Orgel. Der Zeit, bevor es eine Stadtkirche gab, entstammt die **St. Gertrudis-Kapelle**. Ursprünglich auf einem Lehnshof erbaut, wurde sie der Pfarrgemeinde gestiftet.

Pittoreskes Polle

Lohneswert ist ein Ausflug in das 15 km entfernte Polle (1.100 Einwohner). Der kleine Ort liegt unmittelbar am Weser-Radweg und dient vielen Radfahrern als Zwischenstation. In den Sommermonaten bietet sich ein Besuch im solarbeheizten **Freibad** an (Robrexer Straße, Tel.: 0 55 35 / 88 80, Mai–Sept. Mo bis Fr 12–19:30 Uhr, Sa/So 10–19:30 Uhr, Erwachsene 3 €, Kinder 3–16 Jahre 1,50 €).
Das Wahrzeichen von Polle ist die restaurierte **Burgruine** aus dem 12. Jh. Vom Burgturm aus genießt man einen herrlichen Ausblick ins Wesertal. Die örtliche Laienspielgruppe nutzt diese traumhafte Naturkulisse für ihre Aufführungen. Neben dem Aschenputtelspiel, das von Mai bis September an jedem dritten Sonntag im Monat um 14:15 Uhr kostenfrei aufgeführt wird, erfreuen die Laienspieler ihr Publikum

MÜNCHHAUSEN

TIPP

Münchhausen-Spiel

Vor dem Rathaus findet von Mai–Okt. am jeweils ersten Sonntag des Monats das Münchhausen-Spiel statt. Ab 14 Uhr sorgen die stadtbekannten Münchhausen-Musikanten für die passende Einstimmung, bevor die Darbietung um 15 Uhr beginnt. Dabei lässt man sich knapp 200 Jahre in der Zeit zurückversetzen, wenn der „Lügenbaron" vor die Besucher tritt und seine unglaublichen Geschichten preisgibt. Das illustre Treiben ist gerade für Kinder ein besonderer Spaß. Eintritt frei.

Münchhausen Musical

Von Mai–Sept. wird an jedem zweiten und vierten Sonntag um 15 Uhr vor der Stadtkirche St. Nicolai die berühmte Geschichte des Lügenbarons in einer farbenfrohen und unterhaltsamen musikalischen Aufmachung erzählt. Dauer ca. 50 min, Eintritt frei. Infos unter Tel.: 0 51 51 / 6 47 00 und www.muenchhausen-musical.de.

mit einem jährlich wechselnden Programm an Märchen, Komödien oder Klassikern (Infos: Klostergasse 3, Tel.: 0 55 35 / 91 10 06, www.lsgp.de).

ESSEN & TRINKEN

Vielseitige Weserküche

Weserstuben

Homburgstraße 59, Bodenwerder
Tel.: 0 55 33 / 96 30 10
www.weserstuben-bodenwerder.de
Vielfältige Küche mit mediterranem und regionalem Einschlag sowie leckere Schlachtplatten und Hausma-

cherwurst. Wunderbarer Biergarten an der schönen Weserpromenade. Täglich geöffnet.

Griechische Köstlichkeiten

Parga
Homburgstraße 95, Bodenwerder
Tel.: 0 55 33 / 48 75
www.restaurant-parga.de
Rustikale griechische Küche in gastlichem Ambiente. Weinliebhaber können aus hervorragenden südländischen Erzeugnissen wählen. Täglich geöffnet.

SPORT & FREIZEIT

Rodelpark
Grüne Schleite 1, Bodenwerder
Tel.: 0 55 33 / 93 48 00
www.rodelpark.de
April–Nov. täglich 10–18 Uhr, März Sa, So, Feiertage und Ferien 10–18 Uhr, Erw. 3 €, Kinder bis 15 Jahre 2 €/Fahrt Sommerrodelbahn.

▶ *Storchenstation Elbrinxen.*

Ansprechender Erlebnispark mit Karussell, Trampolinen, Kindereisenbahn, Minigolf, Kletterwand und kleinen Elektroautos. Hauptattraktion ist die knapp 1 km lange Sommerrodelbahn. Gastronomie mit moderaten Preisen, Spezialität: „Münchhausens Kanonengeschoss".

SERVICEINFOS

Tourist-Information Bodenwerder
Münchhausenplatz 1
37619 Bodenwerder
Tel.: 0 55 33 / 4 05 41

Gäste-Information Polle
Amtsstraße 4 a, 37647 Polle
Tel.: 0 55 35 / 4 11
www.muenchhausenland.de

▶ LÜGDE

10.500 Einwohner (S. 184, C4)

Historisches Antlitz

Das nordrhein-westfälische Städtchen Lügde versprüht mittelalterlichen Charme. Die Stadtmauer und zwei wehrhafte Türme sind vollständig erhalten. Das filigrane Fachwerk gibt den alten Gässchen der Innenstadt ihr besonderes Flair. Bei einem Gang durch die verwinkelte Altstadt entdeckt man die historische Seite der Stadt. Ein Bild über die jüngere Stadtgeschichte kann man sich im **Heimatmuseum** verschaffen (Hintere Straße 86, Tel.: 0 52 81 / 7 75 71, www.luegde-heimatmuseum.de, Di–Sa 15–17 Uhr, So 15–18 Uhr, Eintritt frei). Das Wahrzeichen der Stadt ist die **St. Kilian-Kirche**. Das Gotteshaus ist an

▶ *St. Kilian-Kirche.*

einer traditionsreichen Stätte erbaut, die schon Karl der Große besucht haben soll. Doch auch landschaftlich hat Lügde einiges zu bieten. Ausgedehnte Wald- und Wiesenabschnitte betten sich in die umliegenden Bergzüge ein und sorgen für ein idyllisches Bild. Eine besondere Rolle spielen hier die Störche, für die mit der **Storchenstation Elbrinxen** im Ortsteil Elbrinxen ein spezielles Refugium geschaffen wurde. Wer den Waldlehrpfad begeht, kommt unmittelbar daran vorbei und kann die schönen Tiere in freier Wildbahn erleben.

Ottensteiner Hochebene

Ein schönes Ausflugsziel ist die rund 15 km entfernte Ottensteiner Hochebene mit traumhaften Landschaften, die man auf zahlreichen Wander- und Spazierwegen erkunden kann. In den Erholungsorten Ottenstein, Lichtenhagen, Glesse und Sievershagen genießt man die Beschaulichkeit des schönen Landlebens. Die Natur lockt je nach Jahreszeit mit unterschiedlichen landschaftlichen Reizen. Die wildromantische Kulisse lässt Erinnerungen an die Grimm'schen Märchen aufkommen. Die Sagen und Erzählungen werden in der Dorfkultur aufgegriffen und wirken allgegenwärtig. In kundiger Begleitung der zertifizierten Gästeführerin Manuela Galle, die einen die schönsten und interessantesten Orte der Umgebung zeigt, lässt sich die Gegend bestens entdecken (Terminvereinbarung unter Tel.: 0 52 86 / 12 71 oder 0 52 86 / 9 40 23, www.hochtouren.blogspot.com).

ESSEN & TRINKEN

Verfeinerte ländliche Küche

Lippischer Hof
Untere Dorfstraße 3
Lügde-Elbrinxen
Tel.: 0 52 83 / 98 70
www.lippischerhof.de
Stilvoll eingerichtetes Gasthaus mit rustikalem Charme und vielfältiger Küche. Besonders empfehlenswert sind die hervorragenden Fischvariationen. Täglich geöffnet.

Gutbürgerlich

Restaurant-Café Kempenhof
Am Golfplatz 1, Lügde
Tel.: 0 52 81 / 86 47
www.kempenhof.de
Reizvolles Hotel-Restaurant mit deutschen und internationalen Gerichten. Spezialität des Hauses sind saisonale Gerichte wie Pfifferlinge, Spargel und Matjes sowie traditionelle Wildgerichte. Täglich geöffnet.

SPORT & FREIZEIT

Emmerauenpark
Die neu gestaltete Freizeitoase erstreckt sich zwischen Stadtmauer und Emmerufer. Sie verfügt unter anderem über einen Badestrand, ein Beachvolleyball-Feld, einen Erlebnisspielplatz, ein Wassertretbecken und eine Boule-Spielfeld.

Elbrinxer Marktscheune
Untere Dorfstraße 11
Lügde-Elbrinxen
Tel.: 0 52 83 / 94 91 23
www.marktscheune.info
Der umgebaute Bauernhof ist heute das Kulturzentrum im Ortsteil Elbrinxen, in dem von Okt. - Juni regelmäßig Veranstaltungen stattfinden. Neben Heimatabenden stehen Laienschauspiel und verschiedene deutsche Künstler auf dem Programm.

SERVICEINFO

Touristinformation
Rathaus, Am Markt 1
32676 Lügde
Tel.: 0 52 81 / 77 08 70
www.hallo-luegde.de

▶ BAD PYRMONT

20.800 Einwohner (S. 184, C4)

Historische Heilquellen

Die international bekannte niedersächsische Ortschaft blickt auf eine lange Tradition als Kurbad zurück. Schon bei dem Wundergelauf 1556 suchten Menschen aus ganz Europa die anscheinend **wundertätigen Heilquellen** auf. Diese wurden bereits von Römern und Germanen genutzt, was archäologische Funde in der Gegend belegen. In der **Dunsthöhle** steigt natürliche Kohlensäure an die Oberfläche, die von Dr. Johann Philipp Seip 1712 als therapeutisches Heilmittel entdeckt wurde (Tel.: 0 52 83 / 84 87, April–Okt. 15–17:40 Uhr, März und Nov. Sa und So 13–16:30 Uhr, Dez.–Feb. auf Anfrage, Erwachsene 1,50 €, Kinder bis 14 J. 0,50 €). Heute werden sechs dieser Heilquellen genutzt, unter anderem um die **Hufeland-Therme** zu versorgen (siehe Sport & Freizeit). Die Grün-

▶ *Brunnentempel.*

dungszeit der Ansiedlung reicht bis in das Mittelalter zurück. Nach dem Sturz Heinrichs des Löwen änderten sich mehrfach die Herrschaftsverhältnisse.
Heute ist Bad Pyrmont ein Kurort mit großer touristischer Anziehungskraft, der sowohl beschauliche Idylle als auch eine traditionsreiche Kulturlandschaft zu bieten hat. Teil des **Kurparks** ist der berühmte Palmengarten, der einen Hauch exotisches Flair nach Bad Pyrmont zaubert.

Burgen und Schlösser

Aufgrund der Heilquellen und der günstigen Lage wurden in Bad Pyrmont zahlreiche Burganlagen und Schlösser errichtet. Ältester Vertreter im gesamten Pyrmonter Tal ist die **Hünenburg** aus dem 9. Jh. Von der frei zugänglichen Ruine sind nur noch die Grundmauern übrig. Die einstige Feste ist heute eine archäologische Ausgrabungsstätte. Ebenfalls in Überresten erhalten ist die **Burg Schell-Pyrmont** mit dem Schellenturm, die um 1184 auf Geheiß des Erzbischofes von Köln errichtet wurde. Sie sollte dem angrenzenden Emmerthal Schutz bieten. Alte Befestigungsanlagen, Wälle und bruchstückhaftes Mauerwerk zeugen davon. Hier befindet sich mit dem **Schellenturm** zusätzlich ein beliebter Aussichtspunkt, mit bestem Blick auf die umliegende Talebene. Das Wahrzeichen der Stadt ist allerdings **Schloss Pyrmont**, das heute das Museum für Stadt- und Badgeschichte beherbergt. Der mächtige Bau wurde

► *Palmengarten im Kurpark.*

in klassizistischem Barock erbaut und präsentiert sich im Gegensatz zu der verspielten Weserrenaissance in schlichter Linienführung und schnörkellosen Flächen (Schlossstraße 13, Tel.: 0 52 81 / 60 67 71, www.museum-pyrmont.de, Di–So 10–17 Uhr, Erwachsene 3 €, ermäßigt 1 €).

Der Ursprung Bad Pyrmonts

Am städtischen Brunnenplatz befinden sich der sogenannte „Hyllige Born" und der Brodelbrunnen, die ältesten der hiesigen Quellen mit einem **Brunnentempel**, der in den 1920er Jahren nach den Plänen des Architekten Alfred Sasse gestaltet wurde. Neben der Wandelhalle ziert der 1777 erbaute **Fürstenhof** den Platz. Bei Baumaßnahmen an der Brunnenanlage waren hier 1863 interessante archäologische Entdeckungen gemacht worden. Der Fund römischer und germanischer Opfergaben und weiterer Gegenstände wies nach, dass die Quellen schon vor mehr als 2.000 Jahren genutzt wurden. Diese Erkenntnis verstärkte seinerzeit den Mythos der heilenden Quellen, denen auch der **Augenbrunnen** mit einem Abbild der Heiligen Odilie (der Beschützerin des Augenlichtes) gewidmet ist.

ESSEN & TRINKEN

Reizvolles Ambiente

Steigenberger Hotel und Spa
Heiligenangerstr. 2–4, Bad Pyrmont
Tel.: 0 52 81 / 15 02
www.steigenberger.com
Im Hotel-Restaurant „Palmengar-

ten" bekommt man modern zubereitete kulinarische Genüsse. Die Zutaten entstammen der Region und werden nach biologischen Kriterien ausgewählt. Täglich geöffnet.

Italienische Spitzenküche

Il Teatro
Heiligenangerstraße 32
Bad Pyrmont
Tel.: 0 52 81 / 15 19 33
Das bekannte Bad Pyrmonter Restaurant bietet eine Vielfalt italienischer Spezialitäten in angenehm südländischer Atmosphäre. Täglich geöffnet.

Südamerikanische Grillspezialitäten

Santa Rosa
Altenaustraße 4, Bad Pyrmont
Tel.: 05281 / 60 77 26
Stilvolles argentinisches Restaurant in der Pyrmonter Altstadt. Steakvariationen vom offenen Grill und vielfältige internationale Gerichte. Täglich geöffnet.

SPORT & FREIZEIT

Hufeland Therme
Forstweg 17, Bad Pyrmont
Tel.: 0 52 81 / 15 17 50
www.hufeland-therme.de
Juni–Sept.täglich 9:30–21 Uhr, Okt.–Mai Mo–Fr 9:30–22 Uhr, Sa, So und Feiertage 9:30–21 Uhr, Tageskarte Erw. 16 €, Kinder 7,50 €. Großes Solebad mit weitläufigem Innen- und Außenbereich, einer tollen Saunalandschaft und Aussicht über das umliegende Pyrmonter Tal. Mit dem Strömungskanal, Unterwassermusik und einem Sprudelbecken ist abwechslungsreicher Badespaß garantiert.

Erlebnisbad Pyrmonter Welle
Südstraße 13, Bad Pyrmont
Tel.: 0 52 81 / 91 53 60
www.pyrmonter-welle.de
Freibad: Mo–Fr 6:45–20 Uhr, Sa und So 8–20 Uhr, Hallenbad: Mo 6:45–11 und 16–19:30 Uhr, Di–Fr 6:45–19:30 Uhr, Sa und So 8–19:30 Uhr, Erw. 4 €, Kinder und Jugendliche bis 18 J. 1,80 €. Abwechslungsreiches Erlebnisbad mit Fitnessangebot, großer Saunalandschaft und hauseigener Gastronomie.

MIT KINDERN UNTERWEGS

Tierpark Bad Pyrmont
Hauptmann-Boelcke-Weg 1
Bad Pyrmont
Tel.: 0 52 81 / 25 39
www.tierpark-badpyrmont.de

▶ *Hufeland Therme.*

► *Schloss Pyrmont.*

April–Sept. 9–19 Uhr, März und Okt. 10–18 Uhr, Nov.–Feb. 10–17 Uhr, Erw. 5 €, Kinder 3–13 J.3 €. Zahlreiche exotische Tiere garantieren einen erlebnisreichen und informativen Besuch. Der Spielplatz, ein Streichelzoo und Ponys für einen kleinen Ritt lassen Kinderherzen höher schlagen.

ABENDGESTALTUNG

Onkel Pö'ö
Schellenstraße 32, Bad Pyrmont
Tel.: 0 52 81 / 16 38 90
www.onkelpöö.de
Die kultige Bar ist die erste Adresse der lokalen Musikszene. Die schrillen pinken Außenwände versprechen nicht zu viel - hier sorgt ein illustres Publikum für ausgelassene Stimmung. Di–So ab 17 Uhr.

SERVICEINFO

Touristinformation
Europa-Platz 1, 31812 Bad Pyrmont
Tel.: 0 52 81 / 94 05 11
www.tourismus-badpyrmont.de

► AERZEN

11.200 Einwohner (S. 184, C4)

Der Flecken Aerzen liegt im südwestlichen Teil Niedersachsens an der Grenze zum Bundesland Nordrhein-Westfalen. Ein Wahrzeichen der Gemeinde ist die **Domänenburg**. Die Geschichte der Domänenburg ist eng verwoben mit der von Aerzen. Bei einem verheerenden Brand im Jahre 1642 wird ein Großteil des Fleckens und auch die Domänenburg zerstört – kurz danach beginnt der Wiederaufbau. Heute finden in der Domänenburg, die auch Heimstätte mehrerer Vereine sowie der Gemeindebücherei ist, kulturelle Veranstaltungen von Konzerten (Liederabende, Pop, Jazz, Folk, Klassik) über Kabarettabende bis hin zu Kunstausstellungen statt.

ESSEN & TRINKEN

Deftige griechische Küche
Philoxenia
(im Deutschen Haus Aerzen)
Osterstraße 26, Aerzen
Tel.: 0 51 54 / 12 30
www.hotel-deutsches-haus-aerzen.de
Entgegen naheliegender Vermutungen werden hier griechische Gerichte aufgetischt. Große Auswahl an verschiedenen landestypischen Spezialitäten mit großem Weinsortiment. Täglich geöffnet.

SERVICEINFOS

Touristinformation Aerzen
Kirchplatz 2, 31855 Aerzen
Tel.: 0 51 54 / 9 88-0
www.aerzen.de

Touristikzentrum Westliches Weserbergland
Tel.: 0 57 51 / 40 39 80
www.westliches-weserbergland.de

▶ EMMERTHAL

10.400 Einwohner (S. 185, D4)

Emmerthal besteht aus insgesamt 17 Ortsteilen, die sich über die charakteristischen Höhenzüge des Weserberglandes verstreuen.
Die Gemeinde liegt direkt am Weser-Radweg und der Straße der Weserrenaissance, die zahlreiche Besucher in die drei Täler der Emmer, Ilse und Weser führen.
Touristisches Highlight ist **Schloss Hämelschenburg** im gleichnamigen Ortsteil (Schlossstraße 1, Tel.: 0 51 55 / 95 16 90, www.schloss-haemelschenburg.de, Führungen zur vollen Stunde (außer um 13 Uhr), April und Okt. Di–So und Feiertage 11–16 Uhr, Mai–Sept. 10–17 Uhr, Erwachsene 6,50 €, Kinder und Jugendliche 6–17 J. 4,50 €).
Die Burganlage ist eine der bedeutendsten Bauten der Weserrenaissance. Die reich verzierten Fassaden sind filigran gearbeitet, wirken im Ensemble aber trotzdem imposant. Die alten Hallen und Gewölbekeller in den historischen Gemäuern geben einen faszinierenden Einblick in die Wohnkultur des Adels. Verschiedene Kunstwerke und originalbelassenes Mobiliar sorgen für eine authentische Stimmung.
In Esperde befindet sich mit der **St. Marienkirche** auch einer der ältesten protestantischen Kirchenbauten.
Der Ort Börry beherbergt das **Museum für Landtechnik und Landarbeit**, einen der wichtigsten Wirtschaftszweige der Region. In fünf Gebäuden mit großem Freigelände werden alte Maschinen und Geräte ausgestellt, die die Entwicklung der Landwirtschaft näher beleuchten (Frenker Str. 22, Tel.: 0 51 55 / 69-1 14, www.museum-landtechnik.de, April–Okt. Sa 14–17 Uhr, So und Feiertage 10–17 Uhr, Erw. 2,50 €, ermäßigt 1,50 €).

ESSEN & TRINKEN

Für Fleischliebhaber

Pfeffermühle
Berliner Straße 14
Emmerthal-Kirchohsen
Tel.: 0 51 55 / 9 72 90
www.hotel-pfeffermuehle.de
Rustikale Gaststätte mit leckeren Grillspezialitäten und besonderer Schnitzelkarte. Gemütlicher Biergarten für die Sommermonate. Täglich geöffnet.

Gutbürgerliche Gerichte

Zum schweren Dragoner
Amelgatzer Straße 10
Emmerthal-Amelgatzen
Tel.: 0 51 55 / 15 42
www.zum-schweren-dragoner.de
Das Haus ist nach den ersten Regi-

mentern der Königlich Deutschen Legion von 1803 benannt. Serviert werden regionale Spezialitäten, die nach traditionellen Rezepten zubereitet werden. Mo Ruhetag.

SPORT & FREIZEIT

Ohrbergpark
Ohrbergpark 1, Emmerthal
Tel.: 0 51 52 / 52 75 75
www.ohrbergpark.de
Fr 13–18 Uhr, Sa und So
11:30–18 Uhr.
Der 45 Hektar große Park verbindet faszinierende Natur mit über 200 Jahren Lokalgeschichte. Dabei kehrt man in die Zeit um 1818 zurück und erlebt die Entstehung des Parks, der heute exotische Gehölze aus entlegenen Winkeln der Erde beherbergt.

SERVICEINFO

Touristinformation Emmerthal
Berliner Straße 15
31860 Emmerthal
Tel.: 0 51 55 / 6 90
www.emmerthal.de
www.verkehrsverein-emmerthal.de

▶ SALZHEMMENDORF

9.900 Einwohner (S. 185, E3)

Salzhemmendorf besteht aus insgesamt elf Ortsteilen, die sich über die schöne Landschaft zwischen Mittelgebirgsanhöhen und dem Lauf der Saale verteilen. Die einzelnen Flecken bieten ein facettenreiches Bild, das vorwiegend von den schönen Fachwerkbauten und der traumhaften Natur geprägt ist.

Schon am Ende des 19. Jh. hat sich der in Lauenstein tätige Komponist und Musikpädagoge Prof. Dr. Ernst Rudorff in besonderem Maße für den Erhalt ebendieser Landschaften eingesetzt. Als Pionier des Naturschutzes arbeitete er gegen die negativen Auswirkungen der Industrialisierung und versuchte z. B. mit Landkäufen, Dorfverschönerungen und der Einrichtung von Landschaftsschutzgebieten den Trend umzukehren. Mit dem 2006 eingeweihten **Ernst-Rudorff-Wanderweg** wird dieses Engagement geehrt und die Menschen werden eingeladen Naturschutz „live“ zu erleben.

Lerchensporn-Land
Eine botanische Besonderheit ist das große Vorkommen an Lerchensporn, das sich im gesamten Bereich des Ith ausbreitet. Die Mohngewächse tragen auffällig fliederfarbene und weiße Blüten und prägen die schöne Landschaft. Die Heilpflanze wurde aufgrund ihrer narkotisierenden Wirkung als Beruhigungsmittel eingesetzt. Ihr Name lässt sich auf das griechische „corydalis“ zurückführen, das übersetzt „Haubenlärche“ bedeutet und auf die Ähnlichkeit mit den gespornten Füßen des Vogels verweist. Ein hervorragender Ausgangspunkt für eine Wanderung durch den interessanten Naturraum ist der Wanderparkplatz Lauensteiner Pass, von dem man einen Rundwanderweg gehen kann, der auch am aussichtsreichen **Ithturm** vorbeiführt.

Grünenplaner Glasmacherkunst
Ein wunderbarer Ausflug ist das etwas über 20 km entfernte Grünenplan, ein Ortsteil von Delligsen. Der in einer Talsenke gelegene Ort ist aufgrund seiner handwerklichen Geschichte als „Glasmacherort" bekannt geworden. Dieser Vergangenheit widmet sich das örtliche **Glasmachermuseum**. Hier wird die Geschichte des Kunsthandwerks von seinen Anfängen bis in die Neuzeit erklärt. Zahlreiche Exponate illustrieren die gesamteuropäische Entwicklung der Glasbläserkunst (Am Park 2, 31073 Grünenplan, Tel.: 0 51 87 / 72 08, März–Okt. So 14–17 Uhr, Eintritt 1 €). Das **Glasmacherhaus** widmet sich der Entstehung der Grünenplaner Glashütte und den verwendeten Werkzeugen (Kirchtalstraße 13, 31073 Grünenplan, April–Okt. erster So im Monat 14–16 Uhr, Eintritt frei). Der Luftkurort eignet sich hervorragend als Ausgangspunkt für die zahlreichen umliegenden Wanderwege. Vom **Wilhelm-Raabe-Aussichtsturm** genießt man einen wunderbaren Ausblick über die Talebenen um die Weser und die Leine.

ESSEN & TRINKEN

Grillspezialitäten

Restaurant Waldstübchen
Humboldthof
Salzhemmendorf-Wallensen
Tel.: 0 51 86 / 3 67
www.waldhotel-humboldt.de
Im Ortsteil Wallensen werden im Restaurant des Waldhotels schmackhafte Gerichte mit internationalen Einflüssen serviert. Täglich geöffnet.

Salzhemmendorf.

SPORT & FREIZEIT

Ith Sole Therme
In der Saale-Aue 5
Salzhemmendorf
Tel.: 0 51 53 / 80 30 50
www.ith-sole-therme.de
Täglich 8–22 Uhr, Erw. 13,50 €, Kinder und Jugendliche 7 €. Schwefel-Sole-Therme mit drei Innen- und zwei Außenbecken, Saunalandschaft und Wellness-Angeboten.

Naturerlebnisbad Lauenstein
Hemmendorfer Landstraße 55
Salzhemmendorf
Tel.: 0 51 53 / 52 50
www.naturerlebnisbad-lauenstein.de
Mai–Sept. Mo bis Fr 14–19 Uhr,

Sa, So, Feiertage und zu Ferienzeiten 10–19 Uhr, Erwachsene 3 €, Kinder ab 3 J. 1,50 €.
Das umweltfreundliche Naturbad besteht aus zwei Teilen: einem schön angelegten Badebereich mit unterschiedlicher Wassertiefe sowie einer Teichanlage, die das Wasser auf natürlich Weise filtert und regeneriert. Außerdem gibt es Bocciabahnen, Minigolf, Tischtennis und Beachvolleyball.

Hüttenstollen Osterwald
Steigerbrink 25, Salzhemmendorf
Tel.: 0 51 53 / 96 48 46
www.der-huettenstollen.de
Stollenführungen: März–Okt. So 13:15 und 14:30 Uhr, Erw. 4 €, Kinder 2 €, Öffnungszeiten Museum: sonntags während der Stollenführungen und Mi 15–18 Uhr, Erw. 2 €, Kinder 1 €.
In dem Besucherbergwerk erlebt man die einzigartige Welt unter Tage und folgt den Spuren der Bergarbeiter durch das alte Stollensystem. Das zugehörige Museum widmet sich u. a. den Themen Energie, Geologie & Erdgeschichte und Glasproduktion.

MIT KINDERN UNTERWEGS

Freizeitpark Rasti-Land
Quanthofer Straße 9
Salzhemmendorf
Tel.: 0 51 53 / 9 40 70
www.rasti-land.de
Mitte April–Mai 10:30 bzw. 10–17 Uhr, Juni–Anf. Sept. tgl. 10–18 Uhr, erste Aprilhälfte und Mitte Sept.–Mitte Okt. Sa und So 10–17/18 Uhr, Herbstferien tgl. 11–17 Uhr, Erwachsene und Kinder ab 12 Jahren 20 €, Kinder 3–11 Jahre 18 €.
Abwechslungsreicher Freizeitpark mit zahlreichen Attraktionen von der Rafting- und Wildwasserbahn über Achter- und Bobkart-Bahn bis zu Rastis Raubritterburg u.v.m. Ein besonders Erlebnis ist auch der Weihnachtsmarkt, der an den vier Adventswochenenden von Fr–So stattfindet.

SERVICEINFO

Touristinformation
Hauptstraße 2
31020 Salzhemmendorf
Tel.: 0 52 53 / 80 80
www.salzhemmendorf.de

▸ COPPENBRÜGGE

7.500 Einwohner (S. 185, E3)

Rund 8 km nördlich von Salzhemmendorf trifft man auf Coppenbrügge. Dort befindet sich das gleichnamige historische Burganwesen. Die reizvolle Anlage liegt inmitten des Burgparks mit wunderschönem alten Baumbestand. Die Burg ist von einem Wassergraben umgeben und bettet sich in die schöne umliegende Natur ein. Historische Mauern zeugen von einer wechselvollen Geschichte. In der einstigen Feste befindet sich ein interessantes **Museum**. Darin werden Exponate zu Geologie, Energiegewinnung, Glas- und Tonverarbeitung sowie dem Bergbau an

sich ausgestellt (Schloßstraße 1, Tel.: 0 51 56 / 86 23, www.museum-coppenbruegge.de, Di bis So und an Feiertagen 11 – 17 Uhr, Eintritt frei, Spende erbeten).
Für das leibliche Wohl ist im **Café** in der Burg gesorgt. Hier kann man in reizvollem Ambiente eine kleine Stärkung zu sich nehmen (Tel.: 0 51 56 / 7 86 87 20, www.cafe-in-der-burg.com, Mo Ruhetag).

SERVICEINFO

Tourist-Information
Schloßstraße 2
31863 Coppenbrügge
Tel.: 0 51 56 / 78 19-0
www.coppenbruegge.de

▶ HAMELN

57.800 Einwohner (S. 185, D3)

Die Rattenfängerstadt

Über 2 Millionen Besucher zählt die niedersächsische Kreisstadt im Jahr und ist damit eine der Hauptattraktionen des Weserberglandes. Den Weltruhm verdankt Hameln der Rattenfänger-Sage in den Geschichten der Gebrüder Grimm. Die wohl bekannteste deutsche Sage wurde in über 30 Sprachen übersetzt und ist nach Schätzungen mehr als 1 Milliarde Menschen ein Begriff. Daher verwundert es kaum, dass der sagenumwobene Rattenfänger auch heute im Stadtbild allgegenwärtig ist. Passend dazu führt die sogenannte „Rattenspur" zu den wichtigsten Sehenswürdigkeiten. Allerorts finden sich Bezüge auf den wunderlichen Flötenspieler, der einst die Jüngsten der Stadt verschleppt haben soll. Direkt am Marktplatz steht die **St. Nicolai-Kirche**, mit einem riesigen Mosaikfenster, das ebenfalls den Rattenfänger zeigt. Unweit davon befindet sich das **Hochzeitshaus**, das im 16. Jh. für die Bürgerschaft errichtet wurde. Der Giebel wartet mit einem Glockenspiel und einer automatisierten Minibühne mit Rattenfängerfiguren auf, die mehrmals täglich die Sage darstellen (13:05, 15:35 und 17:35 Uhr, nur Glockenspiel 9:35 und 11:35 Uhr). Den Rathausplatz ziert der im Jahr 1975 erbaute **alte Rattenfängerbrunnen** mit einer bronzenen Plastik, die den Fänger mit den Kindern auf dem Weg aus der Stadt zeigt. Auf dem Weg durch die Kernstadt passiert man den **neuen Rattenfängerbrunnen**, ehe man das bewirtete **Rattenfän-**

▶ *Der Rattenfänger von Hameln.*

gerhaus erreicht (Osterstraße 28, Tel.: 0 51 51 / 38 88, www.rattenfaengerhaus.de, täglich geöffnet). Das schöne Fachwerkhaus ist ein Musterbeispiel der Weserrenaissance und verdankt seinen Namen einer Inschrift, die von dem Auszug der Hamelner Kinder im Jahre 1284 berichtet. Heute bekommt man mit dem „Rattenkiller-Likör“ und „flambierten Rattenschwänzen“ kulinarische Köstlichkeiten passend zur Sage geboten.

Historische Bauwerke und Fachwerkhäuser

Ihr Gesicht verdankt die Stadt vornehmlich den Fachwerkbauten der Weserrenaissance. Außerdem setzen alte Gebäude optische Akzente und geben der Altstadt ihr unverwechselbares Flair.
Ein Paradebeispiel ist das **Leisthaus** mit filigranen Renaissance-Formen, Freskenbildern und großem Erkergiebel. Zusammen mit dem **Stiftsherrenhaus** bildet es ein schönes Ensemble. Hier befindet sich auch das **Museum Hameln,** das sich mit dem Thema Rattenfänger und der regionalen Geschichte beschäftigt (Osterstraße 8–9, Tel.: 0 51 51 / 2 02-12 15, Di bis So 11–18 Uhr, Erw. 5 €, Kinder 6–13 Jahre 3 €).
Einen Hauch von Mittelalter bringen die beiden **erhaltenen Mauertürme** der Stadtbefestigung. Ebenfalls altehrwürdig kommt das im Jahre 812 gegründete **Münster St. Bonifatius** daher. Am Rande der Altstadt und in unmittelbarer Nähe zur Weser ragt der imposante Bau in den Himmel. Stilistisch wirkt das Gotteshaus wie eine Reise durch die Epochen, vereint es doch gotische, barocke und renaissancehafte Züge zu einem interessanten Gesamtbild. Reine Weserrenaissance bietet dagegen das 1608 fertiggestellte **Dempterhaus**. Die reich mit Ornamenten verzierte Fachwerkfassade wirkt sehr markant und verleiht dem Gebäude eine edel anmutende Optik.
Das **Lückingsche Haus** lässt zahlreiche Holzelemente in sein Fachwerk einfließen und besticht mit meisterhaft gearbeitetem Schmuck.

Handwerk und Tradition

Auf dem Weg durch die Straßen Hamelns ist die Vergangenheit allgegenwärtig. Neben dem **Pulverturm** befindet sich die **Schauglasbläserei Hameln** (Am Pulverturm 1, Tel.: 0 51 51 / 40 55 71, www.glasblaeserei-hameln.de, März–Dez. Mo bis Sa 10–13 und 14–18 Uhr, So und Feiertage 10–17 Uhr, Jan. und Feb. Mo bis Sa 11–13 und 14–17 Uhr, Sa 11–16 Uhr, Erw. 3,90 €, Kinder 2,50 €). Diese widmet sich der Geschichte der lokalen Glasbläserei zwischen 1130 und 1780. Außerdem kann man das alte Kunsthandwerk dort hautnah miterleben und zusehen, wie auf traditionelle Weise Glas hergestellt wird. Ein weiteres Überbleibsel der Stadtbefestigung ist der **Haspelmathturm**, der nun die Galerie der Künstlergruppe „arche“

beherbergt. Als farbenprächtiger Fachwerkbau kommt das Bürgerhus daher, das seit seiner Erbauung um 1560 als Kupferschmiede, Braustätte und Wirtshaus diente. Nahe der Pfortmühle, die die Stadtbücherei beherbergt, gelangt man zum Wilhelm-Busch-Haus, in dem der bekannte Dichter und Zeichner manchmal zu Gast war (nicht zu besichtigen).

ESSEN & TRINKEN

Ältestes Restaurant Hamelns

Rattenkrug
Bäckerstraße 16, Hameln
Tel.: 0 51 51/ 2 27 31
www.rattenkrug.de
Altehrwürdiges Altstadt-Restaurant in einem alten Fachwerkbau. Serviert werden v. a. bayerische Spezialitäten mit leicht kreativem Einschlag. Täglich geöffnet.

Gutbürgerliche Küche

Kartoffelhaus
Kupferschmiedestraße 13, Hameln
Tel.: 0 51 51 / 2 23 83
www.kartoffelhaus-hameln.de
Im schönen Bürgerhus bekommt man leckere Hausmannskost. Besondere Kartoffelvariationen. Gesonderte Speisekarte mit laktosefreien Gerichten. Mo Ruhetag.

Königlich genießen

Hotel-Restaurant Zur Krone
Osterstraße 30, Hameln
Tel.: 0 51 51 / 90 70
www.hotelzurkrone.de

DER RATTENFÄNGER VON HAMELN

Der Sage nach trug es sich im Jahre 1284 zu, dass ein in buntem Gewand gekleideter Mann nach Hameln kam. Für Aufsehen sorgte er mit dem Versprechen, für ein entsprechendes Entgelt die Stadt von sämtlichen Ratten und Mäusen zu befreien, da Hameln zu dieser Zeit unter einer regelrechten Plage zu leiden hatte. Man willigte ein und der Mann zog eine Flöte hervor, spielte auf ihr und lockte die kleinen Nager aus ihren Verstecken. Sie folgten ihm und seiner betörenden Melodie aus der Stadt hinaus in die Weser, wo sie ertranken. Den versprochenen Lohn wollten die Bürger daraufhin aber nicht zahlen und der Fremde zog erzürnt von dannen. Es soll der 26. Juni gewesen sein, an dem er zurückkehrte. Nicht in seinem farbenfrohen Gewand, das er bei der ersten Begegnung trug, sondern im Aufzug eines Jägers, mit wunderlichem rotem Hut.
Just als die Bevölkerung sich in der Kirche versammelte, begann er erneut zu spielen, doch diesmal folgten ihm statt der Ratten und Mäuse die Kinder der Stadt. Er soll sie mit seiner Melodie zum Ostertor hinaus in das naheliegende Gebirge gelockt haben, wo über 130 Buben und Mädchen verschwanden. Nur zwei Kinder kehrten zurück, eines blind und das andere stumm, sodass der Verbleib der verschleppten Kinder nie geklärt werden konnte. So zahlte die Stadt einen hohen Preis für ihren Geiz und die Legende vom Rattenfänger war geboren.

Altes Restaurant in einem Fachwerkbau des Jahres 1645. Die Küche reicht von regionalen Spezialitäten bis zu internationalen Kreationen. Täglich geöffnet.

SPORT & FREIZEIT

Kanu Tours Hameln
Forststraße 10
31860 Hameln-Grohnde
Tel.: 0 51 55 / 2 81 69 66
www.kanu-tours-hameln.de
Mit dem Kanu entdeckt man das Hamelner Umland aus der Wasserperspektive. Ausgangsstation ist das 13 km entfernten Grohnde. Erwachsene ab 15 €.

Kino MAXX
Bahnhofsplatz 9, Hameln
Tel.: 0 51 51 / 99 79 90
www.maxx-hameln.de
Erwachsene 8 €, Kinder bis 11 J. 5 €. Fünf hochmoderne Kinosäle bieten Platz für knapp 1.000 Besucher. Neben aktuellen Blockbustern stehen unter dem Motto „Kino für Kenner" regelmäßig auch Filme mit gehobenem Anspruch auf dem Programm.

MIT KINDERN UNTERWEGS

Kinderparadies „ratzfatz"
Hohe Linden 40, Hameln
Tel.: 0 51 51 / 78 70 79

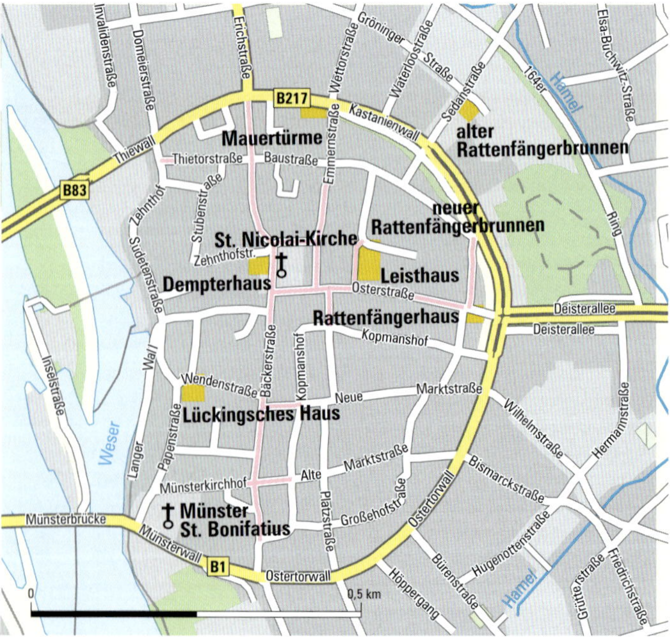

▶ *Hameln.*

www.ratzfatz-kinderparadies.de
Mo–Fr 14–19 Uhr, Sa und So 11–18 Uhr, Ferien und Feiertage (Niedersachsen) 11–19 Uhr. Kinder ab 2 J. 6 €, Erwachsene 3,50 €.
Das ganze Jahr über Spaß und Spiel für Kinder auf über 3.000 m² mit Attraktionen wie Bullen-Reiten, einer Kinderschiffschaukel und einem eigenen Streichelzoo.

Rattenfänger Freilichtspiel
Hochzeitshaus-Terrasse
Am Markt, Hameln
In der knapp 30-minütigen Aufführung, die von Mitte Mai bis Mitte Sept. jeden Sonntag um 12 Uhr stattfindet, bieten über 80 Darsteller in altertümlichen Kostümen die Geschichte des Rattenfängers und den Auszug der Hamelner Kinder dar. Der Eintritt ist frei.

Musical „Rats"
Hochzeitshaus-Terrasse
Am Markt, Hameln
www.musical-rats.de
Ende Mai–Mitte Sept. jeden Mi um 16:30 Uhr. Dauer ca. 40 min, Eintritt frei.
Eine moderne Interpretation erfährt die Rattenfänger-Sage im Musical „Rats". Moderne Klänge und eine peppige Aufmachung hauchen der alten Geschichte neues Leben ein.

ABENDGESTALTUNG

Theater Hameln
Sedanstraße 4, Hameln
Tel.: 0 51 51 / 91 62 20
www.theater.hameln.de
Theaterkasse: Di bis Fr 10–19 Uhr (während der Schulferien 10–14 Uhr), Sa 10–13 Uhr, Karten 11–26 €, Kinder- und Jugendtheater 9 €, Kinder ab 4,50 €.
Breites Spektrum an Darbietungen auf verschiedenen Bühnen, von Musiktheater und Tanz bis zu Schauspiel und Konzerten.

Sumpfblume Kultur- und Kommunikationszentrum
Am Stockhof 2a, Hameln
Tel.: 0 51 51 / 9 32 10
www.sumpfblume.de
Das selbstverwaltete Kulturzentrum ist nicht nur ein beliebter Treffpunkt, hier finden auch Veranstaltungen wie Mottopartys, Konzerte und Kabarett statt.

SERVICEINFO

Touristinformation
Deisterallee 1
31785 Hameln
Tel.: 0 51 51 / 95 78 23
www.hameln.de

▶ BAD MÜNDER

17.500 Einwohner (S. 185, D2)

Der „Mindener Sold"

Bad Münder liegt eingebettet zwischen den Höhenzügen Deister und Süntel. Ihren Ruf als bekannten Kurort hat die Stadt ihrer besonderen geologischen Lage zu verdanken: Gleich sieben verschiedene Heilquellen wie Sole, Schwefel, Eisen und Bitterwasser treten hier zutage. Die Herkunft des Ortsnamens geht vermutlich auf die Mönche zurück, die bereits im Mittelalter aus dem knapp 50 km entfernten Minden zu den Quellen pilgerten. Daraus entwickelte sich die Bezeichnung „Mindener Sold", ein Verweis auf die beschwerliche Strecke, die zu Fuß zurückgelegt werden musste. Im Laufe der Zeit soll sich dies in „Mündener Sold" gewandelt und der Stadt ihren Namen gegeben haben.

Traditionsreichtum und historische Bauten

Die Solequellen sicherten in der Vergangenheit das finanzielle Wohlergehen der Stadt. Daran erinnert heute der zentral gelegene **Söltjerbrunnen** inmitten der Fußgängerzone. Er zeigt Skulpturen, die einen Salzsieder und einen Salzträger darstellen. Hier steht auch die **Petri-Pauli-Kirche** aus dem Jahr 1528. Das lutherische Gotteshaus wurde im 18. Jh. neu errichtet.
Der über 14 Hektar große **Kur- und Landschaftspark** im Osten der Stadt gilt als bedeutender Anziehungspunkt. Er wurde von renommierten Züricher Landschaftsarchitekten gestaltet und beinhaltet 50.000 neue Pflanzen und wertvolle ökologische Ausgleichsflächen. An seiner höchsten Stelle befinden sich der Kurparksee und der Aussichtspunkt Bellevue, der einen tollen Ausblick auf die Stadt und die umgebende Landschaft bietet. Bekanntestes Ziel im Kurpark ist das 1999 nach historischem Vorbild wieder erbaute **Gradierwerk**. Früher diente es der Salzgewinnung, heute ist der Aufenthalt in der salzhaltigen Luft gut für die Atemwege und steigert das Wohlbefinden.
Einen interessanten Steinbau bekommt man beim **Wettberg-Burghof** zu sehen. Das Herrenhaus aus dem 17. Jh. verfügt über reiche Weserrenaissance-Verzierungen. Im Gegensatz dazu stehen die schlichten klassizistischen Formen des **Steinhofes**, der auf das 13. Jh. zurückgeht und und in dem sich heute Abteilungen der Stadtverwaltung befinden.
Ein weiteres beeindruckendes Gebäude befindet sich etwa 8 km südlich der Kernstadt: das **Renaissanceschloss Hasperde**, das inmitten einer malerischen Parkanlage liegt. Heute wird es als Seniorenzentrum genutzt.

▶ *Der Hoppenmarkt in Bad Münder.*

▶ *Rathaus mit Söltjerbrunnen.*

Museen

Das **Museum im Wettbergschen Adelshof** zeigt umfangreiche volkskundliche und geologische Sammlungen sowie wechselnde Sonderausstellungen (Kellerstr. 13, Mitte April–Ende Dez. So 15–18 Uhr). Das **„Bürgerhaus von 1752“** bildet die Lebensart der arbeitenden Bevölkerung um 1880 authentisch ab (Kellerstr. 19, Mitte April–Ende Okt. So 15–18 Uhr). Der Eintritt in beide Museen ist frei, weitere Infos unter www.museum-badmuender.de.

Aussichtsreich

Einen wunderbaren Ausblick bietet der **Süntelturm,** knapp 10 km westlich von Bad Münder. Die Warte auf der Hohen Egge, der höchsten Erhebung des Süntels, wurde bereits im Jahr 1899 erbaut und beherbergt heute auch ein kleines Restaurant (Tel.: 0 50 42 / 42 58, www.suenteltturm.de, Di bis So 10–17 Uhr, Eintritt frei).

ESSEN & TRINKEN

Gutbürgerliche Küche

Kornhus

Marktstraße 13, Bad Münder
Tel.: 0 50 42 / 30 74
Bodenständige Gaststätte in der Bad Münder Innenstadt mit guten regionalen Gerichten. Tgl. geöffnet.

Klassisch italienische Küche

Ristorante Barese

Echtenstraße 22, Bad Münder
Tel.: 0 50 42 / 10 96
Gemütliches Restaurant mit feiner mediterraner Küche. Tgl. geöffnet.

SPORT & FREIZEIT

Paddeltouren
Zum Mühlensiek, Bad Münder
Tel.: 0 50 42 / 74 40
www.paddeltouren.de
Umfangreiches Angebot an Outdoor-Aktivitäten in und um Bad Münder von geführten Kanu- und Kajaktouren über Bogenschießen und Geocaching zu Picknickausflügen. Außerdem Verleih von Booten, Fahrrädern usw.

Minigolf Leistungszentrum
Am Kurpark 5, Bad Münder
Tel.: 0 50 42 / 95 29 92
Mai–Okt. täglich 10-23 Uhr, Nov.–April täglich 14–23 Uhr.
Die Anlage des Deutschen Minigolf Verbandes ist regelmäßig Schauplatz hochrangiger internationaler Turniere. Mit kleinem Café.

▶ *Gradierwerk mit Wassertretstelle.*

E-Bike Verleih
TAS Tankstelle
Lange Straße 56, Bad Münder
Tel.: 0 50 42 / 31 41
Täglich 8–21 Uhr, 20 € pro Tag.
Hier können elektronische Fahrräder ausgeliehen werden, mit denen man bequem die nähere Umgebung erkunden kann.

MIT KINDERN UNTERWEGS

Rohmelbad
Friedrich-Ludwig-Jahn-Straße 7
Bad Münder
Tel.: 0 50 42 / 27 43
www.rohmelbad.bad-muender.de
Mai–Sept. Di–Fr 6–20 Uhr, Sa–Mo 8–20 Uhr, Juli und August abends bis 22 Uhr, Erwachsene 2,80 €, ermäßigt 1,30 €.
Schön gelegenes Mineralfreibad mit großer Rutsche, Sprunganlage und Liegeflächen am sonnenreichen Südhang.

SERVICEINFO

Tourist-Information GeTour GmbH
Hannoversche Straße 14a
31848 Bad Münder
Tel.: 0 50 42 / 92 98 04
www.bad-muender.de

▶ SPRINGE

29.300 Einwohner (S. 185, E2)

Mediterranes Mittelalterflair

Die niedersächsische Stadt liegt direkt an der **Deisterpforte**, dem Talausläufer zwischen Deister und Kleinem Deister. Der frühere Ortsname „Hallerspringe" geht darauf zurück, dass an diesem Ort der Fluss

Haller entspringt. Die günstige Lage an den Handelswegen zwischen Hannover und Hameln sorgte ab dem Mittelalter für ein beständiges Wachstum. Die traditionsreiche Historie spiegelt sich auch eindrucksvoll im Stadtbild wider. Gerade der Marktplatz bietet ein schönes Ensemble von Fachwerkhäusern. Hier steht auch der sogenannte **„Ratsnachtwächter Heinerich"**, ein von Hand geschnitzter Wegweiser, der die wichtigsten Sehenswürdigkeiten ausweist. Die kleinen, verwinkelten Gässchen schaffen eine beschauliche Atmosphäre. Der staatlich anerkannte Ausflugsort lädt mit einer Vielzahl kleiner Läden und Geschäften zum Bummeln ein. Die hübschen Straßencafés versprühen in den Sommermonaten beinahe südländisches Flair.

Traumhafte Naturparks

Springe verfügt über wunderbare Parkanlagen im näheren Umland. Der **Saupark** ist auf einer Länge von über 16 km von einer historischen Mauer umgeben, die das einstige Jagdrevier der Hannoverschen Edelherren abgrenzte. Davon zeugt das klassizistische **Jagdschloss Springe**, das heute besichtigt werden kann. Neben dem **Museum für Natur,**

▶ *Das reich verzierte Petersche Haus in Springe.*

▶ *Jagdschloss Springe.*

Jagd und Kultur gibt es den Kaiser- und Lavessaal zu bestaunen – Festräume, in denen früher Empfänge stattfanden (Tel.: 0 50 41 / 9 46 80, www.jagdschloss-springe.de, Nov.–März Di bis So 10–16 Uhr, April–Okt. Di bis So 10–17 Uhr, Erwachsene 3 €, Kinder 3–17 Jahre 1,50 €).
Ein weiteres Highlight für Tierliebhaber ist das **Wisentgehege Springe**, in dem über 100 Tierarten wie Wölfe, Bären, Luchse, Waschbären und Wildschweine zu sehen sind. Spektakulär sind die täglichen Flugvorführungen im zugehörigen Falkenhof (Tel.: 0 50 41 / 58 28, www.wisentgehege-springe.de, ganzjährig ab 8:30 Uhr geöffnet, letzter Einlass Jan. 15 Uhr, Feb., Nov. und Dez. 16 Uhr, März, April und Okt. 17 Uhr, Mai–Sept. 18 Uhr, Erwachsene 9,50 €, Kinder 3–14 Jahre 6 €).

Aussichtsreiche Türme

Einen Abstecher lohnten die beiden Aussichtstürme im Umland von Springe. Auf dem 405 m hohen Bröhn, die höchste Erhebung des Deisters, befindet sich der **Annaturm**. Ehemals zu Vermessungsarbeiten errichtet, ist er heute eine beliebte Panorama-Plattform (Tel.: 0 51 03 / 32 42, täglich außer Mo 10–17 Uhr, Eintritt frei).

ESSEN & TRINKEN

Moderne deutsche Küche

Alte Herberge
Zum Oberntor 18, Springe
Tel.: 0 50 41 / 26 18
www.restaurant-alte-herberge.de
Rustikales Restaurant in einem renovierten Fachwerkbau. Serviert werden kreative Kreationen, die der klassischen Landesküche neues Leben einhauchen. Mo Ruhetag.

Kretische Küche

Saloniki
Zum Niederntor 29, Springe
Tel.: 0 50 41 / 77 64 84
www.saloniki-springe.de
Das mediterran eingerichtete Restaurant bietet griechische Spezialitäten mit europäischen Einflüssen. Gesondertes Mittagsangebot. Mo Ruhetag.

SPORT & FREIZEIT

Hochseilgarten Springe
Im Hagen 1, Springe-Altenhagen I
Tel.: 0 50 41 / 6 40 00 36
www.hochseilgarten-springe.de
Voranmeldung erforderlich, Erwachsene 49 €, Kinder und Jugendliche bis 17 J. 29 €.
Kletterspaß an zahlreichen Boden- und Hochseilelementen auf bis zu 21 m hohen Erhebungen. Mit Seilrutschen, Kletterwänden und vielem mehr.

SERVICEINFO

Tourist-Information
Zum Niederntor 26, 31832 Springe
Tel.: 0 50 41 / 7 32 73
www.stadtmarketing-springe.de

▶ HESSISCH OLDENDORF

19.500 Einwohner (S. 184, C2/3)

Hessisch Oldendorf liegt unweit der Weser im niedersächsischen Landkreis Hameln-Pyrmont. Gegründet wurde die Stadt bereits Mitte des 13. Jh., bevor sie 1905 ihren Namenszusatz erhielt um für eine bessere Unterscheidbarkeit im Bahn- und Postverkehr zu sorgen. Die günstige Lage an der **Deutschen Märchenstraße** und dem Weser-Radweg beschert Hessisch Oldendorf einen regen Zustrom an Besuchern. Mit den über 50 m tief abfallenden **Hohenstein-Klippen** befindet sich einer der Höhepunkte des westlichen Weserberglandes bei Hessisch Oldendorf. Auf dem aussichtsreichen Hochplateau genießt man heute hervorragende Aussichten über das Wesertal und findet mystische Stätten vor, an denen einst Germanen, Sachsen und Cherusker ihre Götter verehrten. Eine der Hauptattraktionen ist die im Stadtteil Langenfeld gelegene **Schillat-Höhle**. Besucher begeben sich durch einen gläsernen Aufzug über 45 m in die Tiefe und lassen dabei die Spuren der geologischen Erdgeschichte im wahrsten Sinne an sich vorbeiziehen.
In dem Höhlenkomplex herrscht das ganze Jahr über eine konstante Temperatur von 8 °C. Durch diese idealen Bedingungen bildete sich eine imposante Stalagmiten-Landschaft heraus, deren bunt schimmernde Kalzitkristalle in verschie-

DIE BAXMANN-SAGE

Vor langer Zeit soll es in Oldendorf einen Ratskellerwirt mit Namen Baxmann gegeben haben. Mit Betrügereien und Schmuggel häufte er ein stattliches Vermögen an. Die Oldendorfer mieden ihn, so gut es ging und blickten mit Argwohn auf den düsteren Gesellen. Eines Tages suchte ihn eine Krankheit heim und er verstarb.
Erleichtert gab man ihm das letzte Geleit, musste aber mit Erschrecken feststellen, dass Baxmann wieder am Fenster seines Wirtshauses stand. Man setzte ihn ein zweites Mal bei, doch zur Verwunderung aller ging der eben Beerdigte nach der Zeremonie mit ihnen nach Hause. Die Bevölkerung suchte daraufhin den Beistand zweier Paderborner Mönche, die den bösen Schergen bannen sollten. Zunächst sollte ihn ein Fuhrwerk mit vier schwarzen Pferden in den nahegelegenen Wald bringen. Je näher man dem Ziel kam, desto schwächer wurden die Pferde, bis sie weiß wie Schimmel waren und kaum mehr vorwärts kamen. Verwirrt drehte sich der Kutscher zu Baxmann um. Der Bann war gebrochen und der Stadtschrecken eilte nach Oldendorf zurück. Nun nahmen sich die Mönche der Sache selbst an und brachten ihn zur Quelle des Hollenbaches. Ihm wurde auferlegt, hier bleiben zu müssen, bis er die Quelle mit einem Sieb leergeschöpft habe. Man wägte sich in Sicherheit, doch viele Jahre später zog ein strenger Winter ins Land, der alle Wasseradern zufrieren ließ. Baxmann nutze die Gunst der Stunde, leerte das Eis aus dem Brunnen und kehrte einmal mehr nach Oldendorf zurück. Doch die Mönche bannten ihn ein zweites Mal. Diesmal wurde ihm zur Aufgabe gemacht, alles Wasser der Quelle mit einem Fingerhut auszuschöpfen, was ihm bis heute nicht gelungen ist.
Weitere Informationen zur Baxmann-Sage gibt es unter www.baxmann.de.

denen Höhlengewölben bewundert werden können (Riesenbergstr. 2a, Tel.: 0 57 51 / 40 39 80, www.schillathoehle.de, Jan.–Nov. Sa, So und Feiertage 10–17 Uhr, April–Okt. zusätzlich Mi 14–17 Uhr, Ferienzeit Di–Fr 14–17 Uhr, Erwachsene 6 €, Kinder ab 3 J. 3 €).

Auf historischen Spuren wandelt man im **Stift Fischbeck**. Dieses bedeutende Kleinod niedersächsischer Romanik mit seinem einzigartig erhaltenen Kreuzgang wurde 955 von der Edelfrau Helmburgis gegründet und konnte sich im Mittelalter durch die Unterstützung von Heinrich dem Löwen seine Unabhängigkeit bewahren. Im Dreißigjährigen Krieg nahm es schwere Schäden und wurde im 18. Jh. wieder aufgebaut. Zu den besonderen Kostbarkeiten aus älterer Zeit gehören ein Triumphkreuz (13. Jh.) und der berühmte Fischbecker Wandteppich (1583) mit der Darstellung der Gründungslegende (Tel.: 0 51 52 / 86 03, www.stift-fischbeck.de, Führungen April–Okt. täglich außer Mo 14 und 15:30 Uhr, zusätzlich Di und Fr 10 Uhr, So ca. 11 Uhr nach dem Gottesdienst).

Mühlenlandschaft

Ein augenfälliges Merkmal der Stadt waren ihre vielen Mühlen. Die älteste im gesamten Stadtgebiet ist die **Stadtmühle** am Wesertor, die bereits aus der Gründungszeit im 13. Jh. stammt. 1863 wurde an derselben Stelle die **Wassermühle Dömich** erbaut. Doch neben der Wasserkraft bediente man sich auch des Windes und errichtete 1598 die **Oldendorfer Windmühle** in exponierter Lage auf dem Stadtwall. Dies sollte ihr im Zuge des Dreißigjährigen Krieges zum Verhängnis werden, in dem sie bis auf ihre Grundmauern niederbrannte.

Sieben Schleifmühlen dienten im 16. Jh. im Stadtteil Heßlingen den Zwecken der Schlosser und Schmiede und brachten der Stadt Einnahmen durch den sogenannten Wasserzins ein. Heute sind die erhaltenen Bauten größtenteils in Privatbesitz, können aber von außen besichtigt werden.

Tradition und Moderne

Ältester Bau der Stadt ist die **St. Marien-Kirche** aus dem 14. Jh. Mit ihrem mächtigen Kirchturm ist sie heute noch das weithin sichtbare Wahrzeichen der Stadt. Die hohe Warte diente außerdem auch als wehrhafte Anlage. Zu Zeiten des Krieges fanden die Bewohner in den Räumen der Kirche einen Zufluchtsort, der mit Brunnenanlagen im Inneren auch eine Versorgung sicherstellte. Die Gewölbe im Inneren lassen die unterschiedlichen Baustile gut erkennen, die von romanisch bis gotisch reichen. An die mittelalterlichen Strukturen erinnert die immer noch gut erhaltene **Stadtumwallung**. Inmitten des Zentrums liegt der **Münchhausen-Hof** im Stil der Weserrenaissance. Der Hof mit seinem bemerkenswerten Herrenhaus ist eine der größten Stadtburgen

des Schaumburger Adels und blickt auf eine lange Tradition zurück. Der heutige Gutshof kann jedoch nur von außen besichtigt werden.
In der Innenstadt ist das Bild längst nicht mehr so von Fachwerkbauten dominiert, wie es einst der Fall war. Starke Veränderungen über die letzten Jahrzehnte sorgen für ein moderneres Antlitz, wenngleich einige Fachwerkgiebel noch an die einstige Bautradition erinnern.

ESSEN & TRINKEN

Mediterran-modern
Ristorante Pierrot
Goethestraße 8, Hessisch Oldendorf
Tel.: 0 51 52 / 29 53
www.pierrot.de
Kreative italienische Küche mit schmackhaften Fleisch-, Fisch- und Pastagerichten sowie ansprechende Buffets. Mo Ruhetag.

Für Wein- und Wildliebhaber
Weinschänke Rohdental
Rohdental 20, Hessisch Oldendorf
Tel.: 0 51 52 / 9 41 20
www.weinschaenke.com
Gutbürgerliche Küche inmitten der Weserberge. Besondere Wildgerichte, fangfrischer Fisch und fruchtige Hausweine. Di Ruhetag.

Facettenreiche Fischspezialitäten
Gasthaus Forellental
Wahrendahler Straße 149
Hessisch Oldendorf

▶ *Schillat-Höhle.*

▶ *Münchhausen-Hof.*

Tel.: 0 51 58 / 5 55
www.forellental.de
Fangfrische Fischvariationen sowie Wild- und Fleischgerichte aus heimischen Gefilden. Das traditionsreiche Haus setzt auf hochwertige Zutaten aus der Region. Mo und Di Ruhetag.

SPORT & FREIZEIT

Werkhaus
Lange Straße 90
Hessisch Oldendorf
Tel.: 0 51 52 / 5 11 37
Das reich verzierte Fachwerkhaus in der Altstadt ist zum kulturellen Zentrum der Stadt avanciert. Reizvolle Musik- und Kleinkunstdarbietungen.

MIT KINDERN UNTERWEGS

Baxmannbad
Barksener Weg 49
Hessisch Oldendorf
Tel.: 0 51 52 / 52 78 26
Ende Mai–Anf. Sept. Mo bis Sa 12–19 Uhr, So, Feiertage und Sommerferien 9–19 Uhr, Erw. 3 €, Kinder bis 18 J. 1 €.
Beheiztes Erlebnisbad mit Riesenrutsche, Wasserfall und Kinderbecken.

SERVICEINFO

i-Punkt Hessisch Oldendorf
Marktplatz 13
31840 Hessisch Oldendorf
Tel.: 0 57 51 / 40 39 80
www.westliches-weserbergland.de

Nördliches Weserbergland
Am „Tor Westfalens“

Idyllische Hügel, aussichtsreiche Klippen und imposante Weserrenaissancebauten – im nördlichen Weserbergland vollzieht sich der Übergang vom Mittelgebirge zum Norddeutschen Tiefland. Hier gehen traumhafte Naturdenkmäler, Entspannung und Tradition Hand in Hand.

▶ RINTELN

27.960 Einwohner (S. 184, B2)

Zwischen Schaumburg und Doktorsee

Die schöne Stadt liegt tief im Rintelner Becken und wird von der auf dem Nesselberg erbauten **Burg Schaumburg** überragt, dem einstigen Sitz der Schaumburger Grafen. Landschaftlich bettet sich die Senke malerisch zwischen Wesergebirge und Süntel ein.

Im Stadtgebiet werden großflächig Sand, Kies und Gestein ausgehoben. Die neu entstehenden Flächen wurden mittlerweile renaturiert und finden als Erholungs- und Freizeitgebiete Verwendung. Ein typisches Beispiel dafür ist der idyllische **Doktorsee**.

Mittelalter und Weserrenaissance

In Rinteln lassen sich bis heute mittelalterliche Strukturen nachweisen. Charakteristisch dafür ist die alte **Klosterkirche Möllenbeck**. Der ehemalige Benediktinerinnenstift fällt mit dunklen Steinfassaden und dem hohen Turm ins Auge. Ein wunderbarer Bau in der Innenstadt ist die spätbarocke **St. Nikolai-Kirche**. Weitere sehenswerte Gebäude sind der **Parkhof**, der **Burghof** und der

Prinzenhof. Auf dem Gelände der ehemaligen Universität befindet sich die **Jakobi-Kirche**, die das geistliche Zentrum des einstigen Campus bildete. Mit der Vergangenheit als Bildungsstandort beschäftigt sich das **Museum Eulenburg**. Thematisch konzentriert es sich auf den Landschaftsraum Weser, die einstige Universität, die Stadtgeschichte und die Hexenverfolgung in der Region (Klosterstraße 21, Tel.: 0 57 51 / 4 11 97, www.eulenburg-museum.de, Di bis So 14–17 Uhr, Sondertermine für Gruppen, Erwachsene 2 €, Kinder bis 17 Jahre 1 €).

ESSEN & TRINKEN

Kultiger Ratskeller

Bistro „Der Stadtkater"
Marktplatz, Rinteln
Tel.: 0 57 51 / 24 60
www.der-stadtkater.de
Das Bistro ist in einem historischen Fachwerkensemble untergebracht. Täglich Frühstücksangebote und wechselnde Mittagsgerichte. Jeden Mittwoch ist Aktionsabend („Currywurst satt", Steak & Salat oder Burgerabend). Täglich geöffnet.

Traditionell, aber modern

Gasthaus „Zur Linde"
Hauptstraße 30, Rinteln
Tel.: 0 57 51 / 57 39
www.zur-linde-rinteln.de
Das Gasthaus ist für seine bodenständige Küche mit kreativen Akzenten bekannt. Serviert werden Spezialitäten vom Lavasteingrill und Wildvariationen. Täglich geöffnet.

AUSSICHTSREICHER KLIPPENTURM

TIPP

Neben seinen geschichtlichen und kulturellen Reizen bietet Rinteln auch wunderbare Natur. Einen schönen landschaftlichen Überblick kann man sich vom Klippenturm verschaffen. Die auf dem über 300 m hohen Luhdener Klippen gelegene Aussichtsplattform gibt nach 103 überwundenen Stufen ein traumhaftes Panorama über die umliegende Tiefebene preis.

SPORT & FREIZEIT

Fahrrad-Draisinen
Extertalstraße 35, Rinteln
Tel.: 0 57 51 / 40 39 88
www.draisinen.de
April–Mitte Okt. Mo–Fr 9–17 Uhr, Mitte Okt.–März Mo–Do 9-15 Uhr und Fr 9–13 Uhr, Tagesfahrt ab 42 €, Reservierung erforderlich, Dauer: mind. 4 Std.
Fahrradfahren auf Schienen: Auf einer Strecke von 18 km folgt man den Spuren der historischen Extertalbahn. In einer Draisine haben maximal vier Personen Platz. Es steht auch eine behindertenfreundliche Draisine mit einem zusätzlichen Handpedalantrieb zur Verfügung.

Weserangerbad
Am Weseranger, Rinteln
Tel.: 0 57 51 / 7 40 45
www.baederbetriebe-rinteln.de
Mo, Di, Mi und Fr 8–20 Uhr, Do 8–21:30 Uhr, Sa, So und Feiertage 8–19:30 Uhr, Erwachsene 2,50 €, Kinder und Jugendliche bis 17 J. 1,50 €.

Schönes Freizeitbad mit verschiedenen Becken, weitläufigen Liegeflächen und einer spaßigen Rutschanlage für Kinder.

ABENDGESTALTUNG

Disco Happy Night
Bahnhofstraße 33, Rinteln
Tel.: 0 57 51 / 91 82 22
www.happy-night-rinteln.de
Beliebter Tanztempel im Herzen der Altstadt. Ein gut gefüllter Eventkalender sorgt für reichlich Abwechslung. Do–Sa ab 21 Uhr.

SERVICEINFO

Tourist-Information
Marktplatz 7, 31737 Rinteln
Tel.: 0 57 51 / 40 39 80
www.westliches-weserbergland.de

▶ VLOTHO

19.300 Einwohner (S. 184, A3)

Die ostwestfälische Kleinstadt befindet sich am Übergang vom Ravensberger Hügelland zum Lipper Bergland. Vlotho wird direkt von der Weser durchflossen, die das Stadtgebiet, von Osten her kommend, teilt und sich in einer Schleife gen Norden wendet. Von den Bergzügen streben ihr zahlreiche kleine Wildbäche zu, die dort entspringen. Weithin bekannt ist der Luftkurort für seine Moor- und Schwefelquellen, deren heilende und wohltuende Wirkung an dieser idyllischen Stätte schon lange in Bad Seebruch und Bad Senkelteich genutzt werden. Für Naturliebhaber lohnt sich der **Naturlehrpfad Bonstapel**, der auf

▶ *Die Klosterkirche Möllenbeck in Rinteln.*

5 km auf den gleichnamigen Berg führt. Die Informationstafeln der 14 Stationen erklären anschaulich die hiesige Fauna und Flora.

Kirchtürme und Fachwerkbauten

Vlotho gibt baulich ein interessantes Bild ab, in dem sich einige Stilrichtungen wiederfinden.Hoch aufragend sind die Glockentürme der evangelisch-lutherischen **St. Stephan-Kirche** und der **St. Johannis-Kirche**. Letztere ist äußerlich markant achteckig gehalten, während im Inneren klassizistische Schlichtheit vorherrscht. In der Altstadt blieben trotz der in den 1970ern vorgenommenen Stadtsanierung noch einige giebelständige Bauten erhalten.
Die meisten **Weserrenaissance-Fassaden** bekommt man in der Langen Straße zu Gesicht. Besonders schön sind das **Haus Malz** (Nr. 134) und die **Fachwerkkirche St. Stephan**. Der schönste Prunkbau der Stadt ist allerdings das **Weserrenaissance-Schloss Varenholz**, in dem sich mittlerweile ein renommiertes Internat befindet.

ESSEN & TRINKEN

Gutbürgerlich genießen

Bacchus
Harksiek 11, Vlotho
Tel.: 0 57 33 / 9 61 25 93
Gemütliches deutsches Gasthaus mit bodenständiger und abwechslungsreicher Küche sowie einem schönen Biergarten für die Sommermonate. Mo Ruhetag.

Leckeres auf der Burg

Burg Vlotho
Burgstraße 41, Vlotho
Tel.: 0 57 33 / 8 71 29 90
www.burg-vlotho.de
In historischem Ambiente kann man auf der Burg Vlotho gutbürgerliche Gerichte genießen. Besonders empfehlenswert sind die Grillspezialitäten und saisonale Gerichte. Mo Ruhetag.

Rustikale Gemütlichkeit

Restaurant Alt-Heidelberg
Lange Straße 70, Vlotho
Tel.: 0 57 33 / 8 78 07 72
www.restaurant-altheidelberg.de
In dem historischen Gebäude des Alt-Heidelberg wird eine gutbürgerliche deutsch-Schweizer Küche serviert. Di Ruhetag.

SPORT & FREIZEIT

Indian Summer Kanutouren
Goebenstraße 24, 32052 Herford
Tel.: 0 52 21 / 1 27 83 63
www.indian-summer-kanutouren.de
Tagestouren ab 20 € für Erwachsene, 10 € für Kinder bis 12 Jahre.
Im ca. 15 km entfernten Herford können verschiedene fahrbare Untersätze für das kühle Nass gebucht werden. Touren-Guides stehen als unterstützende Begleitung bereit und organisieren auf Wunsch auch Verpflegung und Unterkunft bei mehrtägigen Touren.

Nordic Walking
Fünf verschiedene Strecken in unterschiedlichen Schwierigkeitska-

SCHLOSS BRAKE / WESERRENAISSANCE-MUSEUM

9

Die einstige Hansestadt Lemgo (41.400 Einwohner), gegründet im 11. Jh. von den Freiherren zu Lippe, ist eine kulturell bedeutungsvolle Stätte mit historischen Bauten, Museen und einer langen Kunsttradition. Das Schloss Brake wurde ab dem Jahre 1587 zur fürstlichen Residenz ausgebaut, in dem sich die Grafen niederließen. Das von einem Wassergraben umgebene Herrenhaus ist mit seinem imposanten Turm zum Wahrzeichen der alten Hansestadt geworden. Das Schloss ist in filigranen Formen der Renaissance gehalten, erfuhr durch zahlreiche Umbauten aber auch barocke und klassizistische Einflüsse. In einem Teil des Anwesens ist heute das Weserrenaissance-Museum untergebracht. Darin erfährt man Wissenswertes zur Kulturgeschichte der Renaissance, mit besonderem Blick auf die Verbindung zur Weserregion. Dabei rücken die höfische Mode und deren Einfluss auf die Kunst ins Zentrum der Aufmerksamkeit (Schlossstraße 18, Tel.: 0 52 61 / 9 45 00, www.wrm.lemgo.de, Di–So und an Feiertagen 10–18 Uhr, Eintritt Kabinettausstellung 3 €, Sonderausstellungen 4 €).

SERVICEINFO
Touristinformation
Kramerstraße 1, 32657 Lemgo
Tel.: 0 52 61 / 9 88 70
www.lemgo-marketing.de

tegorien bieten die Möglichkeit, bei sportlicher Betätigung die reizvolle Natur aus nächster Nähe kennenzulernen. Die Routen befinden sich südlich von Vlotho bei Valdorf. Genaue Informationen bei der Touristinformation (s. u.).

Stadt- und Themenführungen
Auf interessanten Rundgängen lernt man Vlotho und Umgebung kennen. In knapp 1 Stunde erhält man einen lehrreichen Einblick in die reichhaltige Kulturlandschaft. Besondere Themenführungen versetzen stimmungsvoll in die Zeit der Burgherren zurück oder erinnern an die Zeiten der Tabak-Barone. Terminvereinbarung mit der Stadtführerin Elisabeth Petzholdt (Tel.: 0 57 33 / 8 04 20).

SERVICEINFO
Touristinformation
Lange Straße 111
32602 Vlotho
Tel.: 0 57 33 / 88 11 88
www.vlotho.de

▶ PORTA WESTFALICA

36.200 Einwohner (S. 184, B2)

Die namensträchtige Stadt Porta Westfalica befindet sich an der Stelle, wo sich die Weser zwischen Wiehen- und Wesergebirge ihren Durchbruch gebahnt hat. Hier, im Durchbruchstal Porta Westfalica, nach dem die Stadt 1973 benannt wurde, verteilt sich die Stadt sowohl beiderseits des Flusses als auch nördlich und südlich der beiden Mittelgebirgszüge. Die „Pforte Westfalens“ bildet zugleich den

Übergang zwischen Unterem Weserbergland und der Norddeutschen Tiefebene. Westlich der Stadt befindet sich hoch über dem Tal auf dem Wittekindsberg (276 m ü. NN) das Wahrzeichen der Stadt – das 88 m hohe und von Weitem sichtbare **Kaiser-Wilhelm-Denkmal**. Mit ausladender Geste wacht der einstige Imperator von seiner hohen Warte, von der man eine traumhafte Aussicht über das umliegende Tiefland genießt. Zu Ehren von Kaiser Wilhelm I. wurde das Denkmal von 1892 bis 1896 von der damaligen preußischen Provinz Westfalen errichtet.
Ebenfalls auf dem Kamm des Wiehengebirges befindet sich mit der **Wittekindsburg** ein 700 m langer und 100 m breiter Ringwall, der den Sachsen in den Kämpfen mit dem Frankenkaiser Karl dem Großen vermutlich als Fliehburg diente. Auf dem Areal befindet sich auch die freigelegte alte **Kreuzkirche**, die den Namen ihrem Grundriss verdankt. Heute liegt das Bodendenkmal, das eine historische Rarität darstellt, unter einem Glaspavillon geschützt.
Den Wittekindsberg selbst erkundet man am besten auf dem **Waldlehrpfad**, der durch den schönen Laubwald führt und einen Einblick in die hiesige Fauna und Flora gibt.

Panoramablick und Bergbau

Gegenüber des Kaiser-Wilhelm-Denkmals erhebt sich der Jakobsberg mit einem 142 m hohen **Fernsehturm.** Von der Aussichtsplattform in 23 m Höhe, die über eine bequeme Betontreppe zu erreichen ist, hat man einen herrlichen Rundumblick (Karfreitag–Anf. Nov. Sa, So und Feiertage 10–18 Uhr, Erwachsene 0,50 €, Kinder 6–14 Jahre 0,30 €). Auch von der **Porta-Kanzel**, einem Aussichtspunkt an einem steil nach Süden abfallenden Felsabbruch, genießt man eine hervorragende Aussicht.
Über lange Zeit profitierte die Stadt von ihren Bodenschätzen. Genaueres dazu erfährt man im **Museum für Bergbau und Erdgeschichte**. Es zeigt Exponate zum Eisenerzabbau und der erdgeschichtlichen Entwicklung der Region. Ein beeindruckendes Bild vor Ort kann man sich im zugehörigen **Besucherbergwerk Kleinenbremen** verschaffen. Mit historischen Triebwägen geht es durch die faszinierende Welt

▶ *Das Kaiser-Wilhelm-Denkmal.*

„unter Tage“ (Rintelner Straße 396, Tel.: 0 57 22 / 9 02 23, www.besucher-bergwerk-kleinenbremen.de, April–Okt. Di, Do, Sa, So und Feiertage ab 10 Uhr, Museum mit Besucherbergwerk Erwachsene 8 €, Kinder bis 15 Jahre 4 €).

ESSEN & TRINKEN

Gutbürgerlich und atmosphärisch

Gasthaus Stiller „Zum Alten Krug“
Mahrstraße 2, Porta Westfalica
Tel.: 0 57 06 / 5 32
www.gasthaus-stiller.de
Regionale Gerichte und wechselnde Tagesempfehlungen. Im Außenbereich befindet sich ein schöner Biergarten samt Kinderspielplatz. Mo und Di Ruhetag.

Bodenständig

Alt Hausberge
Hauptstraße 33, Porta Westfalica
Tel.: 05 71 / 7 79 86 28
www.alt-hausberge.de
Das Traditionshaus im Stadtteil Hausberge bietet gutbürgerliche Kost mit westfälischem Einschlag. Di Ruhetag.

SPORT & FREIZEIT

Goethe-Freilichtbühne
Unter den Tannen, Porta Westfalica
Tel.: 05 71 / 7 13 68
www.portabuehne.de
Ganzjährig. Karten je nach Veranstaltung ca. 10 €.
Theateraufführungen unter freiem Himmel mit imposanter Kulisse direkt unterhalb des Kaiser-Wilhelm-Denkmals.

Horstbeck's Minigolf
Am Schwimmbad 15
Porta Westfalica
Tel.: 05 71 / 7 98 92 71
www.minigolf-porta.de
Mo bis Fr 15–20 Uhr, Sa 12–20 Uhr, So und Feiertage 9–20 Uhr, Erwachsene 2,50 €, Kinder bis 14 Jahre 1,50 €.
Schöner Minigolfplatz in ruhiger Umgebung. Kleine Snacks und Getränke im kleinen Golfhaus.

ABENDGESTALTUNG

Disco p.w.
Platte Weide 1, Porta Westfalica
Tel.: 05 71 / 9 72 94 20
www.disco-pw.de
Angesagte Party-Location mit zahlreichen Events. Verschiedene Floors sorgen für facettenreiche Unterhaltung, die vom „Mind Club“ mit aktuellem House-Sound bis zur „Skihütte“ mit ausgelassenem Après-Ski-Feeling reicht.
Fr, Sa sowie Mi (während Ferien) und vor Feiertagen ab 22 Uhr.

Blick von der Porta-Kanzel auf den Wittekindsberg.

SERVICEINFO

Touristinformation
Kempstraße 1
32457 Porta Westfalica
Tel.: 05 71 / 79 12 80
www.portawestfalica.de

▶ BAD OEYNHAUSEN

48.500 Einwohner (S. 184, A2)

Badekultur und Historie

Die Stadt steht ganz im Zeichen seiner Sole- und Thermalquellen. Nach Entdeckung des ersten Solevorkommens um 1745 dauerte es exakt ein Jahrhundert, bis unter Karl Freiherr von Oeynhausen der Badebetrieb einsetzte. Infolgedessen erwarb Oeynhausen den Namenszusatz „Königliches Bad". An diese Zeit erinnern im **Kurpark** das Kurhaus, das heutige Kaiserpalais, und das Badehaus I und II. Unweit davon liegt die **Wandelhalle** mit einem schönen Säulenaufbau entlang ihrer Front. Unterhalb des Kurhauses befindet sich der berühmte **Jordansprudel**, der als die größte kohlensäurehaltige Thermalsolequelle der Erde gilt. Über die Sommermonate schießt zu jeder vollen Stunde zwischen 9 und 12 sowie 14 und 22 Uhr eine bis zu 50 m hohe Fontäne gen Himmel. Im Sielpark hat heute das **Salz- und Zuckerland** seinen Platz gefunden (Sielallee 2, Tel.: 0 57 31 / 10 55 88, www.salzundzuckerland.de, April–Okt. Di bis Fr 14–18 Uhr, Sa, So und Feiertage 11–18 Uhr, Nov.–März Sa, So und Feiertage 11–18 Uhr). Neben der **Bonbonkocherei**, in der große und kleine Süßigkeiten-Freunde beim Herstellungsprozess dabei sein können, befindet sich hier das **Salzland**. In unmittelbarer Nähe kann auch das Gradierwerk besichtigt werden. Der **Salinenlehrpfad** führt um den über 11 m hohen Nachbau. Lebendige Historie bekommt man auch im **Museumshof** geboten, der ein authentisches Fachwerkensemble des 17. Jh. zeigt. Dazu gehören ein eigenes Backhaus, eine Mühle sowie ein Bauerngarten (Schützenstr. 35a,

UNTERHALTUNG IM KAISERPALAIS

!TIPP

An der Spitze des Kurparks befindet sich das das 1908 erbaute Kaiserpalais, mit seinem schönen englischen Landschaftsgarten. Die traumhafte Jugendstil-Villa beherbergt heute das GOP Varieté-Theater, in dem ein facettenreiches Unterhaltungsprogramm geboten wird. Unter der gewaltigen Kuppel werden mit modernster Bühnentechnik Showproduktionen internationalen Formats dargeboten (Im Kurgarten 8, Tel.: 0 57 31 / 7 44 80, www.variete.de). Kulinarische Highlights setzen die asiatisch angehauchte Brasserie und das mediterrane Restaurant Palmengarten. Alternativ darf man sich direkt im Theatersaal verwöhnen lassen. Mit dem ADIAMO Dance Club steht zudem eine niveauvolle Location für die Abendgestaltung zur Verfügung, die vier verschiedene Floors samt Cocktail- und Sushi-Bar zu bieten hat.

▶ *Die Wandelhalle von Bad Oeynhausen.*

Tel.: 0 57 31 / 14 34 10).
Im **Deutschen Märchen- und Wesersagenmuseum** bekommt man einen interessanten Einblick in das Thema Märchen und Sagen im regionalen Kontext (Am Kurpark 3, Tel.: 0 57 31 / 14 34 10, www.maerchenmuseum.blogspot.com, Mi bis So 10–12 und 14–17 Uhr, Erwachsene 1,50 €, Kinder bis 17 Jahre 0,50 €).

Magische Wasser

Ein besonderes Wahrzeichen der Stadt sind die **Aqua Magica**. Der für die Landesgartenschau konzipierte „Park der magischen Wasser" widmet sich dem nassen Element auf einzigartige Weise. Die über 20 ha große Anlage besinnt sich auf die essentielle Rolle der Heilquellen der Region. Innerhalb der meisterlich gestalteten Landschaft kann man Skulpturen, Themen- und Wassergärten, die künstlich angelegte Allee des Weltklimas und den gigantischen **Wasserkrater** bestaunen. Letzterer ist das mit Abstand eindrucksvollste Werk des Parks, der eine rund um eine aufschießende Fontäne erbaute unterirdische Brunnenskulptur formt, die zudem begehbar ist. Aus einmaliger Perspektive und mit aufwendiger Beleuchtung inszeniert, wird das Wasser – ganz im Sinne der Architekten Bava und Phillippe – zum „emotionalen Erlebnis".

ESSEN & TRINKEN

✕ *Spanische Schmankerl*
Tapas-Bar Matador
Volmerdingsener Straße 11
Bad Oeynhausen

Tel.: 0 57 34 / 6 65 68 36
www.matador-tapasbar.de
Die stimmungsvolle Tapas-Bar bietet hervorragende mediterrane Küche, die als raffinierte kulinarische Kreationen serviert werden. Mo Ruhetag.

Italienische Köstlichkeiten

Ristorante Paradiso
Eduard-Sabirowsky-Straße 4
Bad Oeynhausen
Tel.: 0 57 31 / 30 70 44
www.paradiso-bo.de
Freundlich eingerichtetes italienisches Restaurant, das seine Gäste mit klassischen mediterranen Spezialitäten verwöhnt. Mo Ruhetag.

SPORT & FREIZEIT

Hochseilgarten Bad Oeynhausen
Bültestraße 93, Bad Oeynhausen
Tel.: 05 41 / 99 89 98 41
www.kletterpark-nrw.de
Zu Ferienzeiten Fr–So und an Feiertagen 10–20 Uhr für Tagesgäste, ganzjährig Mo–Fr von 10–20 Uhr nach telefonischer Reservierung, Erwachsene 17,50 €, Kinder und Jugendliche 13–17 J. 14 €, Kinder unter 13 J. nur in Begleitung Erwachsener.
Kletterspaß auf insgesamt acht Parcours, die verschiedene Schwierigkeiten und separate Einweisungsstrecken beinhalten.

▶ *Das Badehaus II.*

Canoedreams Kanu-Erlebnis-Flussfahrten
Unterm Kappenberg 51
Bad Oeynhausen
Mobil: 01 70 / 6 95 81 02
www.canoedreams.de
Spaßige Raftingtouren und Wasser-Safaris auf Weser und Werra.
Ab 21 € pro Person.

Bali Therme
Morsbachallee 5, Bad Oeynhausen
Tel.: 0 57 31 / 3 05 30
www.balitherme.de
So–Do 8–23 Uhr, Fr und Sa 8–24 Uhr, Tageskarte Erw. 14,50 €, Kinder bis 16 Jahre 10,50 €.
Heilende Solebäder in reizvoller Umgebung sowie eine interessante Badelandschaft mit künstlich angelegten Grotten, Strömungskanal, Wasserfall und Geysiren sowie elf verschiedene Saunen.

ABENDGESTALTUNG

Casino Bad Oeynhausen
Mindener Straße 36
Bad Oeynhausen
Tel.: 0 57 31 / 18 08-0
www.casino-badoeynhausen.de
Wunderbar gelegenes Casino mit Black Jack, Roulette und Automatenspiel. Täglich geöffnet.

Theater im Park
Im Kurpark, Bad Oeynhausen
Tel.: 0 57 31 / 13 00
Theater von Komödie bis Klassiker, Konzerte und andere Veranstaltungen.

SERVICEINFO

Tourist-Information
Im Kurpark
32545 Bad Oeynhausen
Tel.: 0 57 31 / 13 00
www.badoeynhausen.de

▶ MINDEN

82.100 Einwohner (S. 184, A/B 1/2)

Kirchen, Fachwerk und Kultur

Die Gründungszeit der Stadt geht auf das Jahr 799 zurück. Sie entwickelte sich aus einer einstigen Fischersiedlung an der Weserfurt. Der Kern der ehemaligen Hansestadt ist die sogenannte Domfreiheit, die um das gotische Wahrzeichen der Stadt liegt. Der **Dom St. Petrus und Gorgonius** gibt mit seinem mächtigen Westwerk ein imposantes Bild ab. Der Domschatz umfasst wertvolle Kunstgegenstände aus dem 9. Jh. mit dem Prunkstück „Mindener Kreuz", das mit über einem Meter eine stattliche Größe vorweist (Kleiner Domhof 30, Tel.: 05 71 / 83 76 41 00, Besichtigung der Schatzkammer: Di, Do, Sa und So 10–12 Uhr, Mi und Fr 15–17 Uhr, Eintritt 2 €).

▶ *Der Mindener Dom.*

Die umliegenden Fachwerkbauten sind im Stile der Weserrenaissance gehalten und beeindrucken mit filigranen Fassaden und schönem Stuck. Die reformierte **St. Marien-Kirche** fällt vor allem durch ihren hoch aufragenden Turm ins Auge, der erst weit nach der Grundsteinlegung im Jahre 1022 angebaut wurde. Ein weiteres herausragendes Gebäude ist das alte **Rathaus**, das mit einem wunderschönen Laubengang aufwartet.
Von der Weserrenaissance zeugen außerdem die **Häuser Hill** (Papenmarkt 2) und **Hagemayer** (Scharn). Dort steht auch die hoch aufragende **Petri-Kirche**, die mittlerweile unter Denkmalschutz steht. Direkt in der Fußgängerzone findet sich der **Weserspucker** (teilweise auch als „Mindener Butjer" bekannt) – das Denkmal und Wahrzeichen der Stadt, das auf lockere Art die Verbundenheit mit dem ruhigen Fluss symbolisiert.

▶ *An der Weserpromenade.*

Das **Mindener Museum** befindet sich in der oberen Altstadt. Seine historische Häuserzeile stellt ein bauliches Markenzeichen der Stadt Minden dar. Das nach umfangreicher Sanierung im September 2012 wiedereröffnete Museum zeigt Dauer- und Sonderausstellungen zur Stadtgeschichte und zu Kunst und Kultur (Ritterstraße 23–33, Tel.: 05 71 / 9 724 00, www.mindener museum.de, Di bis So 12–18 Uhr).

Ehemalige Preußenfestung

Zudem hat Minden einige interessante Museen zu bieten. Einen würdigen Rahmen hat das **Preußen-Museum** bekommen, das in der ehemaligen Defensionskaserne am Simeonsplatz untergebracht ist. Darin wird unter anderem die Mindener Vergangenheit als preußische Festung beleuchtet (Simeonsplatz 12, Tel.: 05 71 / 8 37 28 24, www.preussenmuseum.de, Mi bis So 11–17 Uhr, Erwachsene 4,50 €, Kinder 6–17 Jahre 2,25 €).

An die Zeit unter preußischer Herrschaft erinnern dahingegen das Bahnhofsgebäude, das alte **Garnisonslazarett** und das **Denkmal des Großen Kurfürsten**. Die Statue steht unterhalb des Wesertores und ist Friedrich Wilhelm von Brandenburg gewidmet. Auf einer Plakette am Sockel liest man die patriotische Inschrift „Gedenke, dass Du ein Deutscher bist. Der Große Kurfürst 1648".

Natur und Nostalgie

Mit seinen Parkanlagen und dem Weserfluss gibt die Stadt ein idyllisches Bild ab. Eine der

schönsten Grünflächen findet man im **Botanischen Garten** der Stadt. Auf dem Gelände eines ehemaligen Friedhofs bewundert man nun den alten Baumbestand und schöne Themengärten.
Einen weiteren pittoresken Eindruck erhält man auf der **Westfälischen Mühlenstraße**, der man im Umland von Minden auf insgesamt 43 km folgen kann. Altehrwürdige Wind-, Wasser- und Rossmühlen zieren den Wegverlauf. Die technischen Denkmäler sind allesamt liebevoll restauriert und teilweise weit über 100 Jahre alt.

WASSERSTRASSENKREUZ MINDEN 11

Ein imposantes Bauwerk ist das Wasserstraßenkreuz Minden. Dort wird der Mittellandkanal mittels zweier Brücken über die Weser geführt, um eine freie Schifffahrt auf dem Kanal zu gewährleisten. Über zwei Schleusen sind die beiden Flüsse verbunden und machen einen Wechsel zwischen den beiden Wasserstraßen möglich. Die alte Kanalbrücke geht bis in das Jahr 1914 zurück, als auch der Mittellandkanal als Traverse zwischen dem Dortmund-Ems-Kanal und Hannover nach mehr als zehn Jahren Bauzeit kurz vor seiner Fertigstellung stand. Die neue Brücke aus dem Jahr 1993 wurde technisch moderner konstruiert und ermöglicht somit auch Schiffen mit mehr Tiefgang die Durchfahrt. Das Areal ist von einem 1,4 km langen Wanderweg durchzogen, auf dem man sich ein schönes Bild von der Anlage machen kann. Dabei passiert man auch das Leo-Sympher-Denkmal. Der gleichnamige Bauingenieur hatte maßgeblich Anteil am Ausbau der Mindener Wasserstraßen.

ESSEN & TRINKEN

Uriges Kartoffelhaus

Die Knolle
Königswall 1, Minden
Tel.: 05 71 / 2 13 68
www.knolle-minden.de
Ganz im Zeichen der Kartoffel steht dieses Restaurant. Die „Erdäpfel" treten kulinarisch in allen erdenklichen Variationen auf. Tgl. geöffnet.

Fernöstliche Gourmetküche

Himalaya
Lübbecker Straße 206, Minden
Tel.: 05 71 / 5 47 40
Das äußerlich unscheinbare Restaurant wartet mit stimmigem asiatischem Flair auf. Vom exotischen Buffet darf man die tibetanisch-chinesischen Spezialitäten selbst auswählen, die anschließend auf dem Holzkohlegrill zubereitet werden. Täglich geöffnet.

Königlich italienisch

Paradiso
Marienstraße 32, Minden
Tel.: 05 71 / 2 92 53
www.paradiso-minden.de
Das mediterrane Restaurant hat in der Kaiservilla eine extravagante Bleibe gefunden. Serviert werden exquisit zubereitete italienische Spezialitäten. Hervorragende Weinkarte und große Auswahl an Grappa.
Mo Ruhetag.

SPORT & FREIZEIT

Mindener Museumseisenbahn
Eine besondere Erkundungsfahrt bietet der historische „Preußenzug". Mit dem traditionsreichen Gefährt kann man an einzelnen Sonntagen zwischen April und Oktober das schöne Mindener Umland befahren. Fahrplan: www.vereine.minden.de oder telefonisch unter Tel.: 05 71 / 5 83 00. Tageskarte 20 €, Kinder bis 14 Jahre 10 €.

Mindener Fahrgastschifffahrt
Sympherstraße 16, Minden
Tel.: 05 71 / 6 48 08 00
www.mifa.com
Erwachsene ab 8 €, Kinder ab 4 €. Voranmeldung notwendig.
Rundfahrten in verschiedenen Schiffen bringen einem das Mindener Land aus der Wasserperspektive näher.

Melittabad
Sieben Bauern 43, Minden
Tel.: 05 71 / 4 19 22
www.melittabad.de
Mo–Fr 6–22 Uhr, Sa, So und Feiertage 8–20 Uhr, Erwachsene 3,90 €, Kinder 4–17 Jahre 2,80 €.
Großes Erlebnisbad mit schönem Innen- und Außenbereich sowie einer erholsamen Saunalandschaft. Bei Kindern und Jugendlichen sorgen Planschbecken, Spielbereich und ein eigens angelegter Felsengarten für Unterhaltung.

MIT KINDERN UNTERWEGS

Potts Park
Bergkirchener Straße 99, Minden
Tel.: 05 71 / 5 10 88
www.pottspark-minden.de
April–Sept. 10–18 Uhr, Okt.

10–17:30 Uhr, Erw. 17,50 €, Kinder 3–11 Jahre 15,50 €.
7 km südwestlich der Stadt lockt der große Freizeitpark mit vielfältigen Attraktionen. Außergewöhnliche Stationen wie das Riesenhaus oder das Velodrom sorgen für abwechslungsreiche Unterhaltung.

ABENDGESTALTUNG

Jazz Club Minden
Königswall 97, Minden
Tel.: 05 71 / 2 66 66
www.jazz-minden.de
Der reizvolle Jazzkeller ist in einem alten Gewölbe untergebracht und zählt zu den ältesten in ganz Deutschland. Karten ca. 20 €, auch kostenlose Jam Sessions.

SERVICEINFO

Touristinformation
Domstraße 2
32423 Minden
Tel.: 05 71 / 8 29 06 59
www.mindenmarketing.de

▶ BÜCKEBURG

20.500 Einwohner (S. 184, B2)

Schloss, Fürstliche Hofreitschule, Mausoleum, Schlosspark, Hubschraubermuseum und die Stadtkirche – alle Sehenswürdigkeiten liegen in Bückeburg zentral im liebevoll restaurierten historischen Stadtkern.

Höfische Pracht

In Bückeburg erlebt man eine Zeitreise durch sieben Jahrhunderte. Bei einer Führung durch die kostbar eingerichteten Räume des **Schlosses** erhält man unvergessliche Eindrücke der historischen Pracht sowie des höfischen Lebens. Auf dem Weg durch den im englischen Landschaftsstil gestalteten Schlosspark gelangt man zum **Mausoleum**, einzigartig durch seine faszinierende Goldmosaikkuppel (Schloss: Tel.: 0 57 22 / 50 39, April–Sept. 9:30–18 Uhr, Okt.–März 9:30–17 Uhr, Erwachsene 6,50 €, Kinder 4 €, darin

▶ *Das imposante Schloss Bückeburg.*

enthalten ist der Eintritt in das Marstallmuseum der Fürstlichen Hofreitschule; Mausoleum: Tel.: 0 57 22 / 2 25 89, April–Okt. Di bis Fr 11–17 Uhr, Sa und So 10–18 Uhr, Erw. 3 €, Kinder 1,50 €).

Barocke Reitkunst

Die **Fürstliche Hofreitschule,** im 18. Jh. eines der bedeutendsten Reitkunstzentren Europas, knüpft seit 2004 an diese Geschichte an. Im historischen Reithaus erlebt man die fürstliche Reitkunst des 17. und 18. Jh. zu klassischer Musik in barocker Kostümierung (Schlossplatz 7b, Tel.: 0 57 22 / 89 83 50, täglich 10–17 Uhr, Marstallmuseum 3 €, Reitkunstvorführung 10 €).

Kulturelle Highlights

Die **Stadtkirche**, erbaut in den Jahren 1611 bis 1615, ist einer der ersten lutherischen Repräsentationsbauten. Sie wurde im Stil der Weserrenaissance errichtet. Bekannte Gelehrte, wie z. B. Johann Gottfried Herder, waren hier als Hofprediger tätig (Mitte April – Mitte Okt. Di bis Fr 10:30–12 Uhr, Di bis So 14:30–16:30 Uhr, Mitte Okt. – Mitte April Mi, Fr, Sa, So 14:30–16 Uhr). Das **Museum Bückeburg für Stadtgeschichte und Schaumburg-Lippische Landesgeschichte** überrascht mit unterschiedlichen Ausstellungen, z. B. zum Thema Schaumburger Trachten und Bernstein (Lange Straße 22, Tel.: 0 57 22 / 48 68, März–23. Dez. Mi bis So 13–17 Uhr, Eintritt frei).

▶ *Die Stadtkirche von Bückeburg.*

Technik, die begeistert

Ein spannender Anziehungspunkt besonderer Art und unbedingt sehenswert für Jung und Alt, ist das in Bückeburg einzigartige **Hubschraubermuseum**. Es beherbergt eine Vielzahl an Modellen sowie über 40 Original-Hubschrauber. Ganz aktuell präsentiert sich der neugestaltete Erweiterungsanbau mit spannenden Überraschungen, wie z. B. einem echten Hubschraubersimulator. Man lernt Bückeburg und Umgebung aus der Vogelperspektive kennen und entdeckt dabei die Faszination des Helikopter-Fliegens (Sabléplatz 6, Tel.: 0 57 22 / 55 33, April bis Okt. 9–18 Uhr, Nov. bis März 10–17 Uhr, Erw. 6 €, Kinder 6–16 Jahre 2,50 €).

Landtour

Nach dem abwechslungsreichen Kulturprogramm kann man sich aufs Fahrrad schwingen und auf der Landtour, einem abwechslungsreichen Rundkurs, um Bückeburg radeln. An 14 Erzählstationen erfährt man Wissenswertes zur Tier- und Pflanzenwelt am Wegesrand. Weitere Infos unter www.landtour-bueckeburg.de.

ESSEN & TRINKEN

Facettenreiche Küche

Hotel-Restaurant Ambiente
Herminenstraße 11, Bückeburg
Tel.: 0 57 22 / 96 70
www.ambiente-hotel.de
Stilvolles Restaurant mit gemütlichem Sommergarten. Wechselnde saisonale Gerichte, fangfrischer Fisch und Grillspezialitäten. Täglich geöffnet.

Rustikaler Charme

Braukeller
Braustraße 1, Bückeburg
Tel.: 0 57 22 / 9 12 95 60
www.brauhausbückeburg.de
Das schöne Restaurant ist in einem imposanten, in weiß gehaltenen Fachwerkbau inmitten der Stadt untergebracht. Serviert wird eine regionale und ländlich angehauchte Küche. Eine Spezialität sind die täglich zubereiteten Eintöpfe. Täglich geöffnet.

SPORT & FREIZEIT

Bergbad Bückeburg
Birkenallee 3, Bückeburg
Tel.: 0 57 22 / 96 69 80
www.baeder-bueckeburg.de
Mo–Fr 6–20 Uhr, Sa und So 8–21 Uhr, Erwachsene 2,70 €, Jugendliche 14–17 J. 2,10 €, Kinder bis 13 J. 1,20 €.
Hochgelegenes Freibad in sonniger Lage am Südhang, mit einem Erlebnisbecken und eigenem Beachvolleyball-Feld.

AUSSICHTSREICHER IDATURM

Auf dem höchsten Punkt des Harrl, dem bewaldeten Höhenzug zwischen Bückeburg und Bad Eilsen, befindet sich der aussichtsreiche Idaturm (Harrl, Tel.: 0 57 22 / 32 82, www.idaturm.de, Fr bis So 10–18 Uhr, Winterhalbjahr bis 17 Uhr, Eintritt frei). Eine Wendeltreppe mit 128 Stufen führt auf den 26 m hohen Sandsteinbau, der einen traumhaften Rundumblick auf die einstigen Ländereien des Schaumburger Adels preisgibt. Von der imposanten Warte sieht man über das Mindener Land bis zu den Anhöhen des Wesergebirges. Bei entsprechenden Wetterverhältnissen ist die Sicht bis zum nördlich gelegenen Steinhuder Meer möglich.

ABENDGESTALTUNG

Minchen
Am Ostbahnhof 5b
Bückeburg
Tel.: 0 57 22 / 38 03
www.minchen.de
Die Szenekneipe gibt es bereits seit 1973. Dank exotischer Biersorten und musikalischer Leckerbissen erhielt sie bereits zweimal die Auszeichnung zur besten Kneipe des Schaumburger Landes. Auch Buffets und Snacks. Täglich geöffnet.

SERVICEINFO

Tourist-Information
Schlossplatz 5
31675 Bückeburg
Tel.: 0 57 22 / 89 31 81
www.bueckeburg.de

▶ BAD EILSEN

2.400 Einwohner (S. 184, C2)

Der staatlich anerkannte Ort mit Heilquellen-Kurbetrieb Bad Eilsen liegt 60 bis 80 m Höhe ü. NN und hat ca. 2.400 Einwohner. Die Kombination einer ausgesucht stressfreien, zur Erholung geradezu idealen Umgebung und modernste Kurortmedizin machen den Ort mit seinem dörflichen Charme so beliebt. 1794 fasste Fürstin Juliane zu Schaumburg Lippe den Entschluss, in Bad Eilsen ein Schwefel-Schlamm-Bad einzurichten. 1802 wird das Bad feierlich eröffnet. Berühmte Gäste wie Franz Liszt, Hermann Löns, Gerhart Hauptmann und Richard Tauber verweilten regelmäßig im schönen Bad Eilsen. Der Kurpark ist voller seltener Bäume, von denen viele weit über 200 Jahre alt sind. Hier findet man den Ginkgo, Mammutbäume, die kanadische Felsenbirne und die Sumpfzypresse. Wasserspiele, die plätschernde Aue und zahlreiche blühende Blumen machen den Park mit seinen Schwefelquellen zu einer Oase der Ruhe und Erholung.

ESSEN & TRINKEN

Deutsche Küche

Gasthof Heeßer Krug
Hauptstraße 26, Bad Eilsen
Tel.: 0 57 22 / 8 51 77
www.gasthof-heesser-krug.de
Gemütliches Restaurant mit bodenständiger deutscher Küche. Empfehlenswerte saisonale Gerichte wie Wild oder Spargel. Di Ruhetag.

Ausflugslokal

Panorama-Restaurant Am Harrl
Am Bruch 16
Bad Eilsen-Luhden
Tel.: 0 57 22 / 9 54 84 67
www.panorama-am-harrl.de
Das Restaurant bietet deutsche und internationale Küche sowie Kaffee und Kuchen und ist von Bückeburg aus ideal von Wanderern, Spaziergängern und Fahrradfahrern zu erreichen. Mo Ruhetag.

SERVICEINFO

Touristinformation
Bückeburgerstraße 2
31707 Bad Eilsen
Tel.: 0 57 22 / 8 86 50
www.bad-eilsen.info

▶ *Historische Häuserfront am Marktplatz von Stadthagen.*

▶ STADTHAGEN

22.300 Einwohner (S. 184, C1)

Fachwerk und Adelsgräber

Landschaftlich bettet sich die ehemalige Fürsten-Residenz malerisch zwischen den Bückeberg und den Schaumburger Wald ein. Die Altstadt wird von den prächtigen Fachwerkensembles der Weserrenaissance geprägt. Die filigranen Formen und der reizvolle Stuck zieren auch das **Fürstliche Schloss Stadthagen**. Unweit des Marktplatzes befindet sich das in einem Prachtbau untergebrachte **Heimatmuseum**. Die Dauerausstellung widmet sich der Stadtgeschichte und der Schaumburger Tracht (Obernstraße 32a, Tel.: 0 57 21 / 92 49 00, Di–Fr 10–12 und 15–17 Uhr, Sa, So und Feiertage 15–17 Uhr, Eintritt frei).

Eindrucksvoll überragt die **St. Martini-Kirche** die Innenstadt. Gleich nebenan birgt das **Mausoleum des Fürsten Ernst zu Holstein-Schaumburg** das in der europäischen Renaissancegeschichte einmalige Marmor- und Bronzegrabmal „Die Auferstehung Christi" von Adrian de Vries (Am Kirchhof, Tel.: 0 57 21 / 93 42 42, www.renaissance-stadthagen.de, Di bis Fr und So 13–17 Uhr, Sa 10–14 Uhr, Eintritt 3 €). Im knapp 10 km entfernten Wiedensahl kann man sich einen Einblick in das Leben des Dichters und Malers Wilhelm Busch verschaffen. Im **Wilhelm-Busch-Geburtshaus** lernt man den vielschichtigen Künstler anhand persönlicher Gegenstände, Briefe, Skizzen, Fotos und diverser Kunstwerke kennen (Hauptstraße 68a, Tel.: 0 57 26 / 3 88, www.wilhelm-busch-geburtshaus.de, März–Nov. Di–Fr 10–12 und 14–17 Uhr, Sa, So und Feiertage 10–17 Uhr,

Dez.–Feb. Fr bis So und Feiertage 11–16 Uhr, Erwachsene 3 €, Kinder bis 16 J. 1 €).

ESSEN & TRINKEN

Kulinarisches Neuland

Torschreiberhaus
Krumme Straße 42, Stadthagen
Tel.: 0 57 21 / 64 50
www.torschreiberhaus.de
Das renommierte Restaurant ist in einem schönen Fachwerkbau untergebracht. In der kreativen Küche gelingt das Zusammenspiel von bodenständig Regionalem und interessanten Einflüssen der orientalischen Küche. So und Mo Ruhetag.

Klein aber fein

Kleine Sinfonie
Echternstraße 14, Stadthagen
Tel.: 0 57 21 / 98 60
www.stadthotel-gerbergasse.de
Das Restaurant des Stadthotels Gerbergasse bietet lecker zubereitete internationale Gerichte und eine kleine Auswahl an Tapas. Die kleinen Räumlichkeiten sind modern und hell eingerichtet. Tgl. geöffnet.

SPORT & FREIZEIT

Freizeitbad Tropicana
Jahnstraße 2, Stadthagen
Tel.: 0 57 21 / 97 38 10
www.tropicana-stadthagen.de
Mo 13–22 Uhr, Di und Do 6:30–22 Uhr, Mi und Fr 8–22 Uhr, Sa und So 9–22 Uhr, Erwachsene 4,80 €, Kinder und Jugendliche bis 16 J. 2,30 € (Sa und So 1 bzw. 0,50 € Zuschlag).
In dem tropisch gestalteten Erlebnisbad fühlt man sich beinahe in die Karibik versetzt. Die schöne Saunalandschaft und der Wellnessbereich sorgen für Entspannung.

MALERISCHES AUETAL

!TIPP

Ein landschaftlich herausragendes Ausflugsziel, das sich von Stadthagen aus leicht erreichen lässt, ist das schöne Auetal. Eingebettet zwischen Wesergebirge, Süntel und Bückeberg, vereint die malerische Talebene mehrere kleine Gemeinden. Die traumhafte Natur lädt zu Wanderungen und Radtouren ein. Mittelpunkt der 16 Dörfer ist Rehren, das mit guter infrastruktureller Anbindung das Versorgungs- und Einkaufszentrum des Auetals ist.
Die Dörfer verfügen über einige historisch wertvolle Kirchen aus dem 12. und 13. Jh., darunter die bekannte St. Katharina-Kirche in Kathrinhagen, die im 13. Jh. als Wehrkirche erbaut wurde. Der imposanteste Bau der Gegend steht in Bodenengern. Das alte Wasserschloss von 1053 erfuhr im 16. Jh. eine bauliche Überarbeitung. An der Niedersächsischen Mühlenstraße stößt man in Escher auf eine Holländer-Windmühle. Das in Eigeninitiative restaurierte Bauwerk strahlt rustikalen Charme aus. Einen schönen Einblick in das altertümliche Landleben bietet das Heimatmuseum Auetal in Hattendorf (Tel.: 0 57 51 / 56 01, www.heimatmuseum-auetal.de, Mai–Okt. an bestimmten Sonntagen von 15–17 Uhr geöffnet).

DINOSnatur Saurierspuren
Steinbruch-Straße
31683 Obernkirchen
www.dinos-natur.de
Führungen Erwachsene 3,50 €, Kinder und Jugendliche bis 17 Jahre 2,50 €.
In den knapp 8 km entfernten und frei zugänglichen Obernkirchner Sandsteinbrüchen wurden bei Ausgrabungen zahlreiche Dinosaurierspuren freigelegt. Diese Funde sind europaweit einzigartig und können nun an der archäologischen Stätte besichtigt werden. Weitere Informationen bei Schaumburger Land-Tourismus, Tel.: 0 57 22 / 89 05 50.

SERVICEINFO

Touristinformation
Am Markt 1
31655 Stadthagen
Tel.: 0 57 21 / 92 50 65
www.stadthagen.de

▶ *Das Heimatmuseum von Stadthagen.*

▶ BAD NENNDORF

10.500 Einwohner (S. 185, D1)

Malerisch eingebettet in die Höhenzüge Deister und Bückeberge liegt idyllisch Bad Nenndorf – nur 20 km von der Landeshauptstadt Hannover entfernt.

Wellness in stilvoller Idylle

1772 ließ der hessische Landgraf Wilhelm als Erster die heilende Wirkung der aus dem Boden tretenden Quellen zwischen den Dörfern Groß und Klein Nenndorf untersuchen. Im Zuge der beachtlichen Heilerfolge wurden ein Badehaus und ein Logierhaus errichtet. Das **Schlösschen** im Kurpark ließ 1803 der Kurfürst Wilhelm errichten. Weitere noch erhaltene Gebäude aus dieser Epoche sind das **Landgrafenhaus** an der Kurpromenade und das **Haus Kassel,** in dem sich heute die Tourist-Information befindet. Neben zahlreichen anderen prominenten Gästen profitierte Napoleons Bruder Jérome Bonaparte von der kurierenden Wirkung der Bäder. Er versprach sich Besserung für sein Rheumaleiden und führte um 1808 Moorbäder ein, die er bei einem Ägyptenfeldzug kennengelernt hatte.
Das **Große Badehaus** von 1905/06 stammt dagegen schon aus der Zeit, als Bad Nenndorf bereits königlich-preußisches Heilbad war – es beherbergt heute das Grandhotel Esplanade. Die zahlreichen Kureinrichtungen werden fortlaufend gut besucht und sorgen mit ihrem

heilsamen Dreiklang aus Sole-, Schwefel- und Moorbädern für körperliches Wohlbefinden.

Freizeitmöglichkeiten

In der Nähe des **Kleinen Zoos** (siehe unter Mit Kindern unterwegs) befindet sich ein beliebtes Ausflugsziel und Naturdenkmal: der **Krater**, an dem seit Jahrtausenden kalkgesättigtes Wasser an die Oberfläche tritt. Durch den Kontakt mit der Luft entsteht Kalk, der sich dann in unzähligen Schichten an den Rändern ablagert und die vulkanähnliche Form bildet. Das Wasser stammt aus dem Deister und besitzt so wenig Sauerstoff, dass darin eingetauchte Blumen für Monate konserviert werden.
Sportlich Ambitionierte haben die Möglichkeit ein weitläufiges Nordic Walking Streckennetz durch den Kurpark und den Deister zu erkunden – zertifiziert von der Kölner Sporthochschule.

SÜNTELBUCHENALLEE !TIPP

Zu bewundern gibt es im Kurpark von Bad Nenndorf – neben zahlreichen über 200 Jahre alten Rotbuchen, seltenen Taschentuchbäumen, gigantischen chinesischen und amerikanischen Mammutbäumen – auch Deutschlands größte Süntelbuchenallee. Bei diesen Bäumen handelt es sich um eine selten gewordene Form der Rotbuche mit sogenanntem Zick-Zack-Wuchs. Der preußische Brunnengärtner Carl Thon ließ diese Allee mit rund 80 Bäumen um 1890 anlegen. Zugang zur Süntelbuchenallee bitte der Ausschilderung im Park folgen. Der Kurpark ist ganzjährig geöffnet.

Außerdem bieten sich viele Rad- und Wanderwege für Ausflüge in die Region an.

ESSEN & TRINKEN

Von rustikal bis Haute Cuisine
Romantikhotel Schmiedegasthaus
Riepener Straße 21, Bad Nenndorf

In der Süntelbuchenallee.

Tel.: 0 57 25 / 9 44 10
www.schmiedegasthaus.de
Das idyllische Romantikhotel im Landhausstil bietet gleich drei Restaurants unter einem Dach: die charmante Dorfstube „Esse" (täglich geöffnet), das stilvoll eingerichtete „Schmiederestaurant" (Mo Ruhetag) und das seit über 25 Jahren mit einem Michelin-Stern ausgezeichnete „La Forge" (Mo und Di Ruhetag).

Ländlich und charmant
Landgasthaus Fischer
Auf der Riehe 11, 31555 Suthfeld
Tel.: 0 57 23 / 9 40 50
www.landgasthaus-fischer.de
Rustikales Hotel-Restaurant mit schmackhaften Fischvariationen und leckeren Fleischgerichten. Jeden Mi ist Buffet-Tag, Di ist Fischtag. Täglich geöffnet.

SPORT & FREIZEIT

Intensofit Sportpark
Rotrehre 20–22, Bad Nenndorf
Tel.: 0 57 23 / 64 44
www.intensofit.de
Mai–Aug. Mo und Fr 9–22:30 Uhr, Di–Do 9–12 Uhr und 14–22:30 Uhr, Sa 13–18:30 Uhr, So 10–16:30 Uhr, Sept.–April Mo–Fr 9–22:30 Uhr, Sa 13–18:30 Uhr, So 10–16:30 Uhr.
Neben klassischen Fitnessgerä-

AUF DEN SPUREN DER AGNES MIEGEL

TIPP

Bekannteste Tochter der Stadt ist die deutsche Dichterin Agnes Miegel (1879–1964), deren einstiges Wohnhaus heute öffentlich zugänglich ist und eine Gedenkstätte samt Museum beherbergt. Nach ihrer Flucht aus Königsberg hatte die Heimatvertriebene Bad Nenndorf als ihren Alterssitz ausgewählt. Im Agnes-Miegel-Haus kann man das Wohn- und Arbeitszimmer sowie zahlreiche Werke und persönliche Gegenstände der Dichterin besichtigen (Agnes-Miegel-Platz 3, Tel.: 0 57 23 / 91 73 17, www.agnes-miegel-gesellschaft.de, Mi 15–17 Uhr, So 10–12 Uhr und nach Vereinbarung, Lesestunde jeweils 15:30 Uhr am letzten Mi des Monats, Eintritt frei).

▶ *Im Haus Kassel ist die Tourist-Information untergebracht.*

ten stehen drei Tennisplätze mit Teppich-Belag und eine Indoor-Soccer-Anlage zur Verfügung.

Landgrafentherme
Kurhausstraße 2, Bad Nenndorf
Tel.: 0 57 23 / 70 26 50
www.landgrafentherme.de
Mo bi Fr 8–21 Uhr, Sa, So und Feiertage 10–20 Uhr, Erwachsene 8 €, Kinder und Jugendliche 4–16 J. 5 €. Modernes Thermal-Solebad mit 33 °C warmem Innen- und Außenbecken. Saunalandschaft, Meersalzgrotte, verschiedene Wellness- und Beautyangebote sowie Natur-Moorpackungen vervollständigen das umfangreiche Angebot.

Moorbadehaus Bad Nenndorf
Bahnhofstraße 8, Bad Nenndorf
Tel.: 0 57 23 / 7 02-5 74
www.moorbadehaus.de
Luxuriös eingerichtetes Moor & Beauty Spa mit exlusiven Schönheits- und Wellnessbehandlungen.

MIT KINDERN UNTERWEGS

Kleiner Zoo am Krater
Stadthagener Straße 4
Bad Nenndorf
Tel.: 0 57 23 / 38 18
www.kleinerzooamkrater.de
Täglich 9–18 Uhr, Eintritt frei, um eine kleine Spende wird gebeten. Ehrenamtlich geführter Zoo, in dem man ausschließlich einheimische Tiere beobachten kann, darunter besonders viele Vogelarten.

SERVICEINFO

Tourist-Information
Hauptstraße 4
31542 Bad Nenndorf
Tel.: 0 57 23 / 74 85 60
www.badnenndorf.de

1 Am Ursprung der Weser

TOURINFO KOMPAKT

Anspruch:	Länge:	Dauer:	Höhendifferenz:
mittel	11,5 km	3:30 Std.	344 m

Vom Weserstein in Hann. Münden, wo „Fulda und Werra sich küssen“ und zur Weser vereinen, geht es vorbei an historischen Bauten durch die schöne Fachwerkstadt und auf leichten Steigungen durch die von dichtem Wald gesäumten angrenzenden Anhöhen.

Ausrüstung: Feste Wanderschuhe, Getränke und Verpflegung.

Anfahrt mit dem Auto: A7 bis Ausfahrt Hann. Münden/Staufenberg-Lutterberg, weiter über B496 in die Innenstadt.

Anfahrt mit Bus & Bahn: Mit dem Zug bis Hann. Münden.

Ausgangspunkt: Parkplatz Weserstein in Hann. Münden
51° 25‘ 15“ N 9° 38‘ 54“ O

Einkehr: Zahlreiche Restaurants und Cafés in Hann. Münden.
Unsere Empfehlung:
Die Reblaus · Ziegelstraße 32 · 34346 Hann. Münden · Tel.: 0 55 41 / 95 46 10 · www.die-reblaus.com, frische und regionale Delikatessen mit italienischem Einschlag. Tgl. geöffnet.

Start unserer Tour ist am bekannten S Weserstein auf dem Unteren Tanzwerder. Hier fließen Fulda und Werra zusammen und bilden den Ursprung des Weserflusses. Über eine überdachte Brücke queren wir sogleich den Nebenarm der Fulda. Wir gehen geradeaus weiter und passieren zu unserer Rechten das **historische Rathaus** 1. Anschließend biegen wir nach links in die Lange Straße ab und wechseln über die steinerne Alte Werrabrücke das Flussufer. Wir folgen nun dem Questenbergweg bergan, bis der Eichenweg nach links abzweigt. Auf diesem geht es weiter bis zur **Weserliedanlage** 2, die dem Komponisten und dem Dichter des Weserliedes gewidmet ist.
Danach geht es unter dem Schatten der Bäume weiter bergauf. Wir folgen der Beschilderung X13 links über einen Waldweg und erreichen einen asphaltierten Weg, der uns in östliche Richtung weiterführt. Nach einigen hundert Metern passieren wir den Hans Zeidler-Stein, an dem sich auch ein **Rastplatz** 3 befindet. Anschließend geht es an einer Schutzhütte vorbei zum **Düstereren Keller-Brunnen** 4.
Wir folgen dem Weg in nordöstliche Richtung, bis er einen Rechtsknick

beschreibt. Kurz darauf zweigt der X13 nach links ab, wir halten uns allerdings an die Ausschilderung „Staufenberg", wandern weiter geradeaus. Wir erreichen schließlich eine leicht abschüssige Passage, in der wir über einen Rechtskurve zu einem Grillplatz mit Hütte am **Staufenberg** 5 gelangen. Hier schweift unser Blick über das in östlicher Richtung gelegene Wiershausen und die sanft geschwungene Hügellandschaften. Anschließend folgen wir dem Weg in südliche Richtung, wenden uns an der nächsten Abzweigung nach rechts und folgen der Ausschilderung in Richtung **Jagdhaus Heede** 6, das wir wenig später zu unserer Linken erreichen. Unser Pfad führt rechts an dem Waldhotel entlang und zweigt nach links auf einen breiten Hangweg ab. Linker Hand treffen wir dann auf einen Fußweg, der steil bergab und in Richtung Werrabrücke führt. Nach wenigen Metern mündet er auf dem bergab verlaufenden Schedener Weg. Abschließend unterqueren wir die Bahngleise und gehen durch die Innenstadt von Hann. Münden zurück auf die Insel Tanzwerder.

TOURPROFIL

Wellige Strecke mit breiten Pfaden, leichten Anstiegen und flachen Passagen.

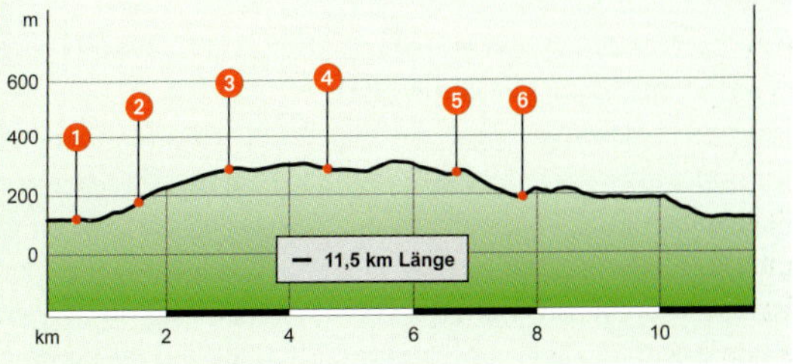

2 Panoramaweg am Weserufer

TOURINFO KOMPAKT

Anspruch:	Länge:	Dauer:	Höhendifferenz:
mittel	9,1 km	3:00 Std.	290 m

Diese kurze Wanderung führt am malerischen Weserufer entlang durch schöne Fachwerkstädtchen und auf einem aussichtsreichen Höhenweg zurück nach Lippoldsberg.

Ausrüstung: Feste Schuhe, Getränke.

Anfahrt mit dem Auto: A7 bis Ausfahrt Hann. Münden, weiter über B496 und B80 bis Wahlsburg-Lippoldsberg.

Anfahrt mit Bus & Bahn: Mit dem Zug bis Bodenfelde, weiter mit dem Sammel-Taxi nach Wahlsburg-Lippoldsberg.

Ausgangspunkt: Fähranlegestelle in Wahlsburg-Lippoldsberg
51° 37' 28" N 9° 33' 7" O

Einkehr: Mehrere Einkehrmöglichkeiten entlang der Strecke.
Unsere Empfehlung:
Café Scholle · In der Klappe 13 · 34399 Oberweser/Gieselwerder · Tel.: 0 55 72 / 5 31 · www.cafe-scholle.de,
schönes Café mit einem reichhaltigen Angebot an Kaffee, Kuchen, Brotzeiten sowie feinen Fleisch- und Fischgerichten. Täglich geöffnet.

Start dieser schönen Tour ist am S Fähranleger in Lippoldsberg. Wir überqueren den Wohnmobilstellplatz und halten uns zunächst in südliche Richtung, d. h. flussaufwärts am Weserufer entlang.
Auf Höhe von Gieselwerder trifft unser Weg auf der – von uns aus – rechten Seite der Weser auf eine Landstraße, zu der wir einige Hundert Meter parallel laufen. Bald führt uns eine Brücke über die Weser und weiter nach Gieselwerder. Dort sehen wir unmittelbar zu unserer Linken das schmucke **Rathaus** 1, das sich auf dem Gelände der ehemaligen Wasserburg befindet. Weiter geht es auf der Brückenstraße, an der sich schöne Fachwerkhäuser aneinanderreihen, darunter auch die rechter Hand gelegene **Gieselwerder Kirche** 2, die mit einer prächtigen Fassade aufwartet.
Gleich hinter der Kreuzung mit der Wiesen- und der Meierhofstraße geht halbrechts eine Straße mit der Markierung X4 ab, der wir über einige Stufen folgen, bevor wir dann die Neustadtstraße (B80) überqueren. Dieser folgen wir parallel und verlassen Gieselwerder in westliche Richtung. Am Ortsrand biegen wir links auf die Straße „Mühlenplatz"

ab. Wenig später überqueren wir die Landstraße nach Gottsbüren und halten uns weiter an die Markierung X4.

Bald haben wir das Highlight unserer Tour – die **Freilichtmuseum „Der Mühlenplatz“** 3 – erreicht (geöffnet von April–Mitte Okt.). In der liebevoll angelegten, weitläufigen Anlage sind Burgen, Schlösser, Kirchen und Rathäuser originalgetreu als Miniaturen nachgebildet. Die Wassermühlen werden mit dem Wasser des Lumbaches angetrieben. Anschließend gehen wir am Museumsgelände entlang und folgen einer spitzen Rechtskehre, um dann parallel zum Hang oberhalb der Weser weiterzulaufen. Dabei genießen wir immer wieder die **herrlichen Panoramablicke** 4 auf das Wesertal.

Am Ostrand des Reinhardswaldes schlängelt sich unser Weg an den Felsvorsprüngen entlang, bis wir einer Abzweigung nach rechts zur B80 folgen. Diese überqueren wir und folgen dem Pfad mit der Markierung X4, der uns auf abschüssiger Strecke durch einen kleinen Wald führt. Im Tal erreichen

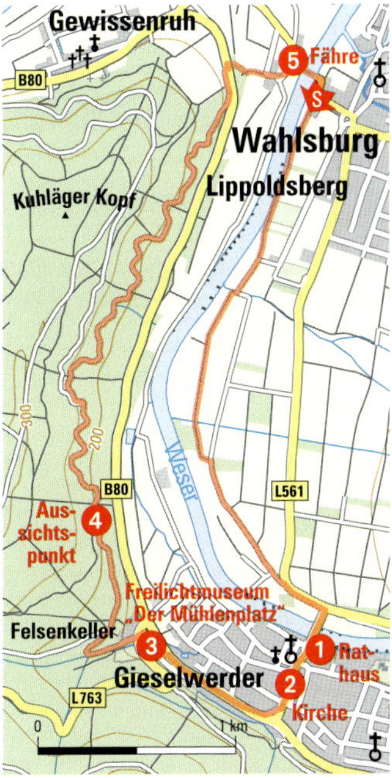

wir die kleine Siedlung Vorwerk, wo unser Pfad schließlich in einen Weg mündet, der uns geradewegs zur **Fähranlegestelle** 5 bringt, von der wir mit der Weserfähre nach Lippoldsberg übersetzen (Fährzeiten: März bis Okt. Mo–Fr bis 18 Uhr, Sa und So bis 18:30 Uhr).

TOURPROFIL

Zunächst flach am Flussufer, nach dem Aufstieg zum Aussichtsturm leicht wellig.

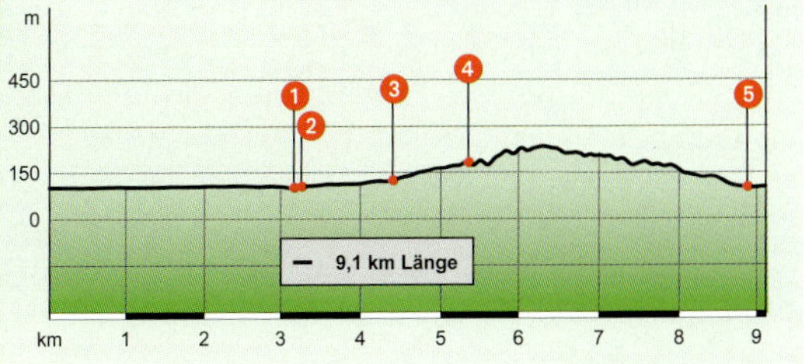

3 Von Uslar nach Neuhaus im Solling

TOURINFO KOMPAKT

Anspruch:	Länge:	Dauer:	Höhendifferenz:
schwer	16,9 km	5:30 Std.	541 m

Über sanft geschwungenen Erhebungen durchqueren wir den Solling und erleben die grandiose Ausblicke von den beiden Aussichtstürmen Solling und Hochsolling.

Ausrüstung: Feste Wanderschuhe, ausreichend Getränke und Verpflegung für unterwegs.

Anfahrt mit dem Auto: A7 bis Ausfahrt Nörten-Hardenberg, weiter über die B241 nach Uslar.

Anfahrt mit Bus & Bahn: Mit dem Zug bis Uslar.

Ausgangspunkt: Zentrum Uslar
51° 40' 3" N 9° 37' 41" O

Einkehr: Diverse Einkehrmöglichkeiten in Uslar oder Neuhaus im Solling.
Unsere Empfehlung:
Bella Napoli · Neustädter Platz 35 · 37170 Uslar · Tel.: 0 55 71 / 21 26, traditionelle und kreative mediterrane Küche. Mo Ruhetag.

▶ *Aktiv in der Natur.*

▶ *Gierswalder Wanderer.*

Unsere Tour beginnt in Uslar in der S Straße „Zur Schwarzen Erde". Beinahe auf dem gesamten Weg folgen wir der Markierung X19. Diese führt uns zunächst über eine Allee aus Uslar hinaus und durch den Wald bergan.
Zunächst gehen wir über einen schmalen Pfad bis zum weithin sichtbaren **Sollingturm** 1 auf dem Strutberg (444 m ü. NN), der mit einer Höhe von etwa 30 m einen prächtigen Rundumblick bietet. Der steinerne Turm wurde in den 1930er Jahren erbaut.
Nachdem wir den wunderbaren Ausblick genossen haben, geht es auf dem X19 nun wieder bergab.

TOURPROFIL

Bergauf zu den beiden Aussichtstürmen, dazwischen welliger Streckenverlauf.

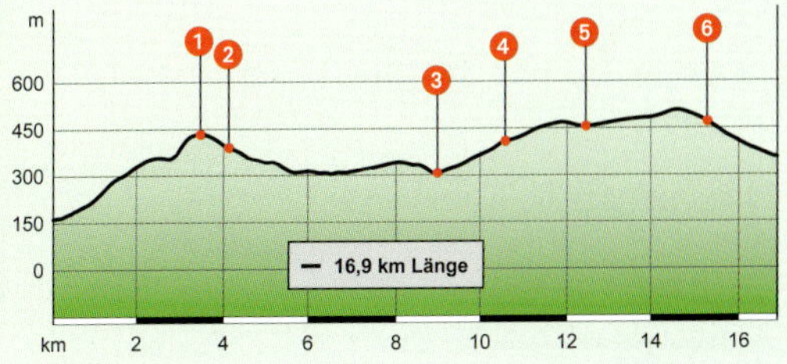

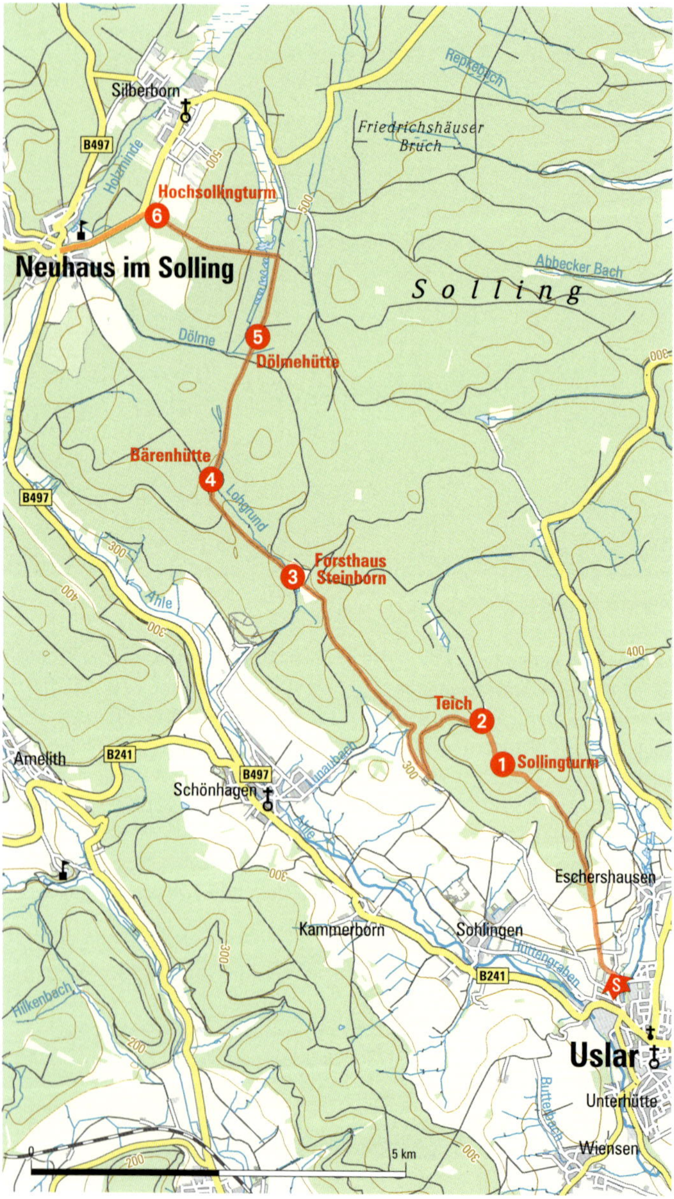
Silberborn
B497
Holzminde
Hochsollingturm
6
Neuhaus im Solling
Friedrichshäuser Bruch
Repkebach
Abbecker Bach
Solling
Dölme
5
Dölmehütte
Bärenhütte
4
Lohgrund
B497
Forsthaus Steinborn
3
Ahle
Teich
2
1
Sollingturm
Amelith
B241
B497
Schönhagen
Kammerborn
Sohlingen
Eschershausen
B241
Hüttengraben
Hilkenbach
S
Uslar
Unterhütte
Wiensen
Buttelbach
0
5 km

Rechter Hand passieren wir nach etwa 500 m einen **Teich** ❷. Hier treffen von links zwei Wege aufeinander.
Wir entscheiden uns für den nördlicheren der beiden und folgen diesem in westlicher Richtung. Am Waldrand kommen wir am Gestüt Kreuzbusch vorbei. Hier geht es in einer spitzen Kehre nach rechts weiter. Nun wandern wir ein kurzes Stück am Waldrand entlang, bis wir, wieder dem X19 folgend, den Wald betreten. In leichtem Bergauf und Bergab geht es zunächst zum **Forsthaus Steinborn** ❸ und anschließend auf einer langen Geraden leicht bergauf bis zur **Bärenhütte** ❹.
Dahinter schlagen wir den Weg nach rechts ein und verlassen den X19. Unsere Strecke verläuft geradewegs durch den Wald und an der **Dölmehütte** ❺ vorbei – nun befinden wir uns auf dem X19a.
Wir wandern weiter bis zur Kreuzung mit dem X2 und wenden uns nach links in Richtung **Hochsollingturm** ❻, den wir nach etwa 1,5 km erreichen. Mit 33 Metern Höhe überragt er die Baumwipfel bei Weitem und bietet auf knapp 480 m ü. NN eine traumhafte Fernsicht, für die sich die 180 Stufen zur Aussichtsplattform lohnen. In westlicher Richtung sieht man bis zum Eggegebirge mit dem Hermanns-Denkmal.
Nach der tollen Aussicht vom Turm gehen wir auf dem Weg in westliche Richtung weiter bis zur nächsten Kreuzung. Linker Hand befindet sich der sagenumwobene Hackelbergstein mit eigenartigen, eingeritzten Kreuzen. Hier wenden wir uns nach links und laufen geradewegs nach Neuhaus hinein, wo wir unsere Tour beenden.
Von der Haltestelle Schlosspark bringt uns die Buslinie 510 wieder nach Uslar zurück (am besten vor der Wanderung nach den Fahrzeiten erkundigen oder sich unter www.vsninfo.de informieren – gegebenenfalls das Auto in Neuhaus parken und mit dem Bus nach Uslar fahren).

NATURPARK SOLLING-VOGLER

Inmitten des schönen Weserberglands lockt der vielseitige Naturpark Solling-Vogler. Das unter Landschaftsschutz gestellte Gebiet beheimatet eine artenreiche Fauna und Flora. Darin sind seltene Pflanzen wie Sonnentau, Streifenfarn und besondere Orchideenarten ebenso zuhause wie Wildkatzen, Greifvögel und Störche.
Der im Süden gelegene Höhenzug Solling ist durch weitläufige Mischwälder, sanfte Hügel und Täler mit ausgedehnten Wiesen geprägt. An seiner höchsten Stelle befindet sich das Hochmoor Mecklenbruch mit ursprünglichen Torfmoosen und exotischen Tierarten. Den Norden des Naturparks begrenzen die charakteristisch schmalen Bergrücken und die steil abbrechenden Hänge des Voglers. Hier befindet sich auch die „Rühler Schweiz", eine interessante Kulturlandschaft mit landwirtschaftlichen Nutzflächen, auf denen überregional bekannte Fruchtweine angebaut werden.

4 Der Höhenwanderweg um Dalhausen

TOURINFO KOMPAKT

Anspruch:	Länge:	Dauer:	Höhendifferenz:
mittel	12,7 km	3:30 Std.	507 m

Dieser fordernde Wanderweg führt uns oberhalb der Anhöhen von Dalhausen und Jakobsberg über blumenreiche Bergwiesen, kühle Laubwälder und aussichtsreiche Passagen.

Ausrüstung: Feste Wanderschuhe, Getränke und Verpflegung.

Anfahrt mit dem Auto: A44 Ausfahrt Warburg, weiter über die B252 und B241 nach Dalhausen.

Anfahrt mit Bus & Bahn: Mit dem Zug nach Lauenförde-Beverungen, weiter mit dem Bus nach Dalhausen, Haltestelle „Untere Hauptstraße".

Ausgangspunkt: Friedhofsparkplatz in Dalhausen
51° 37' 55" N 9° 18' 39" O

Einkehr: Diverse Einkehrmöglichkeiten in Dalhausen.
Unsere Empfehlung:
Landgasthaus Bruns · Obere Hauptstraße 175 · 37688 Beverungen-Dalhausen · Tel.: 0 56 45 / 91 92, internationale Küche sowie regionale Spezialitäten. Di Ruhetag.

Wir beginnen unsere Rundtour am östlichen Stadtrand von Dalhausen neben dem S Friedhof und machen uns sogleich bergan in Richtung Jakobsberg auf. Über leicht bewaldete Wiesen beginnt unser Pfad zügig anzusteigen, und wir haben einige Höhenmeter in den Beinen, bis wir das beschauliche Dorf erreicht haben. Ein erstes Glanzlicht unserer Tour ist der **Kreuzweg** 1, der uns nun am Hang des Kiepenberges entlangführt. Die schönen Landschaftsliegen laden zum Verweilen ein und bieten einen wunderbaren Ausblick auf die tief eingeschnittenen Täler. Wir biegen bald links auf eine Straße ab, die wir wenig später rechts, auf einen Wanderweg tretend, verlassen. Über einige Serpentinen steigt man nach Roggenthal ab. Die kleine Ansiedlung durchqueren wir dann in einem Linksbogen und schlagen den Wanderweg in Richtung Dalhausen ein, der uns in einen schönen Buchenwald hineinführt. Die Süd- und Westhänge des Bevertals mögen auf den ersten Blick etwas karg wirken – doch bei genauerem Hinsehen verbirgt sich hier eine artenreiche Tier- und Pflanzenwelt. Die natürliche Schönheit der Dalhausener Umgebung sorgte für

eine Aufnahme als Teilgebiet der „Erlesenen Natur" – einem von 18 Erlebnisgebieten des Kulturlandes Kreis Höxter, die unter dem Schutzgebietsystem „Natura 2000" als europäisches Naturerbe ausgezeichnet sind.

Wir bahnen unseren Weg durch den Laubwald, der sich auf dem Weg nach Dalhausen zusehends lichtet. Anschließend gelangen wir am Schnegelberg nicht nur auf eine **Ziegenweide** 2, sondern auch auf einen Hangweg, der eine herrliche Aussicht auf Dalhausen und das Bevertal bietet, ehe wir den Ort durchqueren und uns auf den Wanderweg zum Krähenberg begeben. Auf dem Weg entlang des Waldrandes passieren wir einen **Picknickplatz** 3 und kehren zum Ausgangspunkt unserer Tour zurück.

TOURPROFIL

Beständiger Wechsel zwischen moderaten Auf- und Abstiegen.

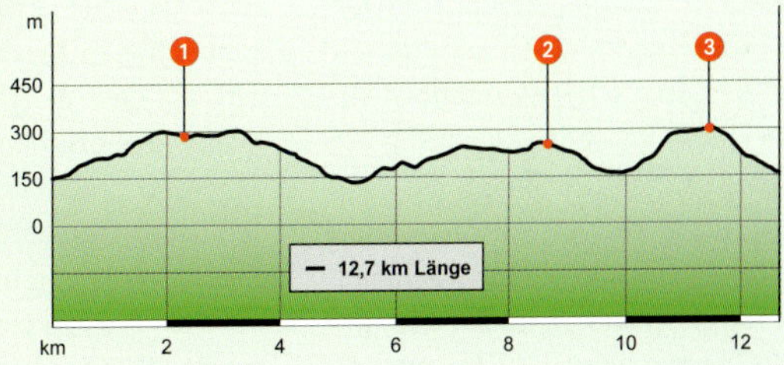

5 Die Weserhänge von Höxter bis Godelheim

TOURINFO KOMPAKT

Anspruch:	Länge:	Dauer:	Höhendifferenz:
mittel	10,1 km	3:30 Std.	443 m

An den Steilhängen von Ziegenberg und Brunsberg westlich der Weser erwarten uns abwechslungsreiche Wälder, weite Ausblicke und seltene Pflanzen – ein Naturraum, der der Tour den Beinamen „Zu Besuch im Paradies“ eingebracht hat.

Ausrüstung: Wanderschuhe, Proviant.

Anfahrt mit dem Auto: A7 bis Ausfahrt Bad Gandersheim, weiter auf B64/83 nach Höxter, dort in Richtung Lütmarsen auf die L755 und der Ausschilderung zur Fachhochschule folgen.

Anfahrt mit Bus & Bahn: Mit Zug oder Bus bis Höxter, dann Stadtbus Linie 591 bis zur „Wilhelmshöhe“.

Ausgangspunkt: Parkplatz an der Hochschule Höxter
51° 46' 2" N 9° 22'19" O

Einkehr: Verschiedene Einkehrmöglichkeiten in Höxter.
Unsere Emfehlung:
Strullenkrug · Hennekenstraße 10 · 37671 Höxter · Tel.: 0 52 71 / 77 75 · www.wirtshaus-strullenkrug.de, moderne Küche. Täglich geöffnet.

Die Tour führt uns durch die Buchenwälder der Weserhänge, eines von zahlreichen Erlebnisgebieten, die das Kulturland Kreis Höxter unter das Motto „Erlesene Natur“ und damit unter besonderen Schutz gestellt hat. Startpunkt der Tour ist in S Höxter am Hochschulparkplatz. Knapp 200 Höhenmeter erwarten uns zunächst auf dem Weg zu dem schönen Hochplateau. Wir laufen in südliche Richtung los und folgen der Straße, die bald rechts abzweigt. Hinter dem Abzweig zur Jugendherberge halten wir uns links und laufen in den Wald hinein. Wenig später zweigt rechts der Weg zum **Rodeneckturm** ❶ ab, dem wir folgen. Der Turm bietet einen beeindruckenden Ausblick auf das Wesertal und die ausgedehnten Wälder des Solling. Es folgt ein Aufstieg durch den für diese Tour charakteristischen Buchenwald. Bald passieren wir die aussichtsreiche Landschaftsliege der **Rabenklippen** ❷, die am Ziegenberg auf der Weserseite steil in die Talebene abbrechen. Der Klippenweg führt uns weiter – vorbei an den **Sachsengräben** ❸ –, bis wir auf eine kleine Straße treffen, auf die wir nach links einbiegen. Wir laufen am Waldrand entlang und nehmen,

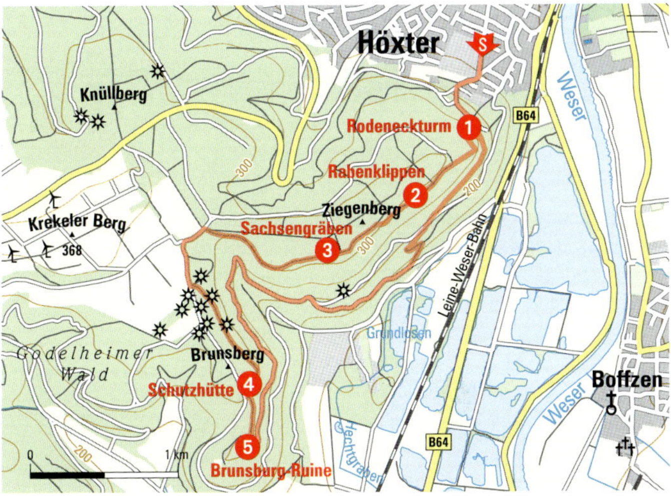

bevor der Weg geradeaus in den Wald hineinführt, den Weg, der nach links, ebenfalls in den Wald, führt. Unterhalb des Brunsbergs passieren wir wenig später die **Schutzhütte Brunsberg** 4, halten uns anschließend links und kommen so zur **Brunsburg-Ruine** 5. Hier folgen wir dann dem Weg, der in einer engen Linkskurve bergab führt. Urwüchsige Wälder mit bizarren Baumgestalten säumen unseren Weg entlang des Mittelhanges, der uns durch das Schleifental führt. Bei der nächsten Abzweigung halten wir uns rechts und bleiben auf dem Burgweg, bis wir auf den Wanderweg in Richtung Rodeneckturm wechseln. Diesen erreichen wir nach kurzem Anstieg über einen Pfad, der vom Burgweg links abzweigt. Wir queren den Philosophenweg und gelangen so wieder zum Rodeneckturm. Auf bekanntem Wege gehen wir anschließend zu unserem Ausgangspunkt zurück.

TOURPROFIL

Meist leicht bergan durch den Wald.

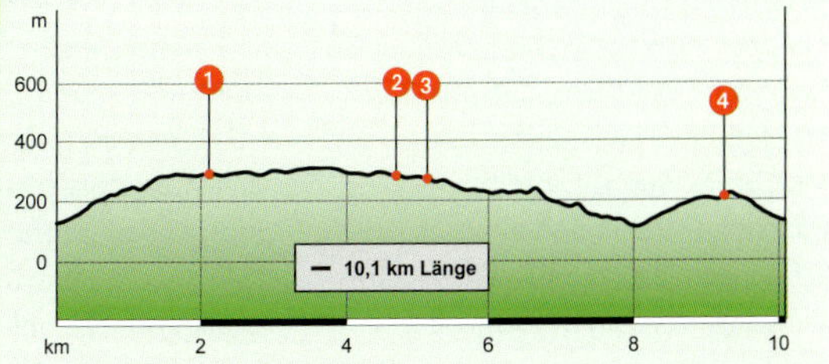

6 Wildpark und Hochsollingturm

TOURINFO KOMPAKT

Anspruch:	Länge:	Dauer:	Höhendifferenz:
mittel	12,7 km	3:30 Std.	230 m

Diese Wanderung führt von Silberborn aus durch die Natur des Solling und traumhafte Landstriche, in denen zahlreiche einheimische Tierarten eine Heimat gefunden haben.

Ausrüstung: Feste Wanderschuhe, Getränke und Verpflegung.

Anfahrt mit dem Auto: Von Süden: A7 bis Ausfahrt Nörten-Hardenberg, über B241 und B497 nach Silberborn.
Von Norden: A7 bis Ausfahrt Seesen, weiter über die B64, B3 und L549 nach Silberborn.

Anfahrt mit Bus & Bahn: Mit dem Zug nach Holzminden, Bus nach Silberborn.

Ausgangspunkt: Parkplatz Dorfgemeinschaftshaus Silberborn
51° 45' 59" N 9° 32' 37" O

Einkehr: In Silberborn.
Unsere Empfehlung:
Hotel „Landhaus Sollingshöhe" · Dasseler Straße 15 · 37603 Silberborn · Tel.: 0 55 36 / 9 50 80 · www.hotel-sollingshoehe.de,
das Restaurant „Alte Scheune" wurde bereits mehrfach ausgezeichnet, serviert werden internationale Gerichte mit regionalen Einflüssen. Täglich geöffnet.

Wir beginnen unsere Naturrunde am S Parkplatz des Dorfgemeinschaftshauses in Silberborn.
Von hier geht es am **„Erlebnispfad Sandwäsche"** 1 vorbei, nach Neuhaus und dort weiter zum **Wildpark** 2. Die niedersächsischen Landesforsten zeigen hier zahlreiche heimische Wildtiere, denen auf über 50 Hektar ein weitläufiges Areal zur Verfügung steht. Darin befinden sich sogar einige in unseren Breitengraden eigentlich ausgestorbene Arten wie der Luchs oder der Wolf – diese imposanten Jäger kann man hier aus sicherer Entfernung in freier Wildbahn sehen. Wem neben der Fauna auch die Flora am Herzen liegt, ist im eigens dafür eingerichteten **Waldmuseum** 3 bestens aufgehoben. Darin erfährt man allerlei Wissenswertes rund um die Themen Wald- und Forstwirtschaft und kann sich einen Einblick in das bemerkenswerte Ökosystem des Naturparks verschaffen.
Unsere Wanderung verläuft anschließend an einer Pferdekoppel vorbei und über die Eichenallee zurück nach Neuhaus. Dort biegen

wir rechts in den Dölmeweg ein. Hier lohnt auch der kurze Abstecher zum **Fliegerdenkstein** 4, zu dem wir nach knapp 500 m zu unserer Linken abbiegen können. Weiter gelangen wir auf dem Dölmeweg zum Quellgebiet der Dölme und können eine Rast in der schönen Dölmehütte einlegen.
Hier gehen wir links auf die Torfstraße, der wir knapp 1,5 km folgen, dann geht es links auf den Försterstieg weiter.
Nun überwinden wir den Anstieg zum Moosberg, der mit dem traumhaften Panoramablick vom **Hochsollingturm** 5 belohnt wird. In einer luftigen Höhe von 33 Metern überblickt man das facettenreiche Weserbergland und kann an guten Tagen sogar bis zum Saum des Teutoburger Waldes sehen.
Nun laufen wir auf dem „Liebes-BankWeg" weiter und erreichen langsam wieder den Ferien- und Erlebnisort Silberborn.
Durch die Parkanlage geht es in das Ortszentrum zum Dorfgemeinschaftshaus mit Touristinformation und zurück zum Ausgangspunkt.

TOURPROFIL

Zunächst abschüssig, dann leichter Anstieg zum Waldmuseum, danach moderat bergan.

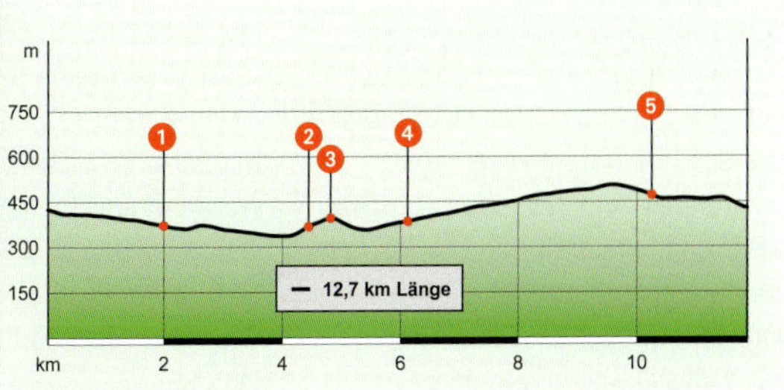

7 Hochsolling-Erlebniswanderung

TOURINFO KOMPAKT

Anspruch:	Länge:	Dauer:	Höhendifferenz:
schwer	18,3 km	6:00 Std.	329 m

Diese wunderbare Erlebniswanderung führt uns von Silberborn nach Neuhaus in die aussichtsreiche Hochebene des Voglers, die mit vielseitiger Fauna und Flora aufwartet.

Ausrüstung: Feste Wanderschuhe, Getränke und Verpflegung.

Anfahrt mit dem Auto: A7 bis Ausfahrt Nörten-Hardenberg, über die B241 und B497 nach Silberborn.

Anfahrt mit Bus & Bahn: Zug nach Holzminden, dann Bus nach Silberborn.

Ausgangspunkt: Parkplatz Dorfgemeinschaftshaus Silberborn
51° 46' 3" N 9° 32' 40" O

Einkehr: Unsere Empfehlung: Hotel „Landhaus Sollingshöhe" · Dasseler Straße 15 · 37603 Silberborn · Tel.: 0 55 36 / 9 50 80 · www.hotel-sollingshoehe.de, mehrfach ausgezeichnetes Restaurant, internationale Gerichte mit regionalen Einflüssen. Täglich geöffnet.

Ausgangspunkt unserer Wanderung ist der S Parkplatz am Dorfgemeinschaftshaus in Silberborn. Von hier machen wir uns über die Dasseler Straße und den August Müller Weg in Richtung Naturschutzgebiet **„Hochmoor Mecklenbruch"** 1 auf. Das malerische Hochmoor überqueren wir teilweise über einen Naturholzsteg, während wir den Artenreichtum der Tier- und Pflanzenwelt genießen. Hier finden sich urwüchsige Botanik und „exotische" Tiere wie das zur Paarungszeit kräftig blau leuchtende Moorfroschmännchen.
Danach laufen wir weiter bergan zum Wolfskuhlenweg, dem wir am schönen **„Naturschutzgebiet Vogelherd"** 2 vorbei folgen. Wenig später erreichen wir die Hütte am Petersilienplacken. Hier beschreibt unser Weg einen Rechtsknick, ehe wir wieder in nordöstliche Richtung zum interessanten Hellental hinablaufen. Dort wandern wir auch auf dem „Weserberglandweg", der uns durch das Naturschutzgebiet führt. Darin befindet sich das nach dem Heidedichter Hermann Löns benannte „Tal der Lieder", das wir dann auf dem „Graslandpfad" wieder verlassen und zum romantischen Bergdorf und früheren **Glasmacherort Hellental** 3 gelangen.

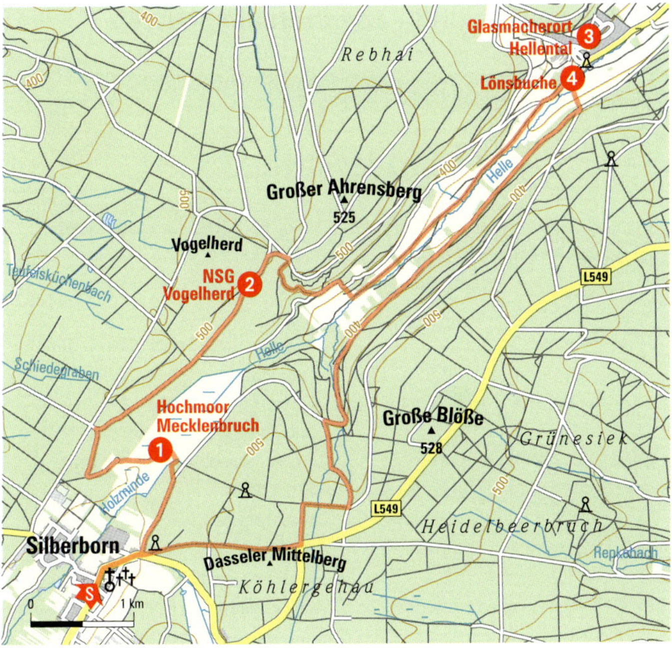

Hier lohnen vor allem das kleine Museum im Backhaus eine kurze Besichtigung.

Danach verläuft unser Pfad erneut bergauf zur **„Lönsbuche“** ④, die wir wenig später erreichen. Anschließend nehmen wir den Wanderweg oberhalb des Naturschutzgebiets Hellental zur Mittelberghütte.

Dann zweigt unser Weg auf den Rundwanderweg S3 ab, der uns am Appelshüttenborn vorbei, durch das Köhlergehau und über die Franzosenallee zum Ausgangspunkt der Tour zurückführt.

TOURPROFIL

Zunächst eben, gefolgt von einem steilen Abstieg und einer abschließenden Bergauf-Passage.

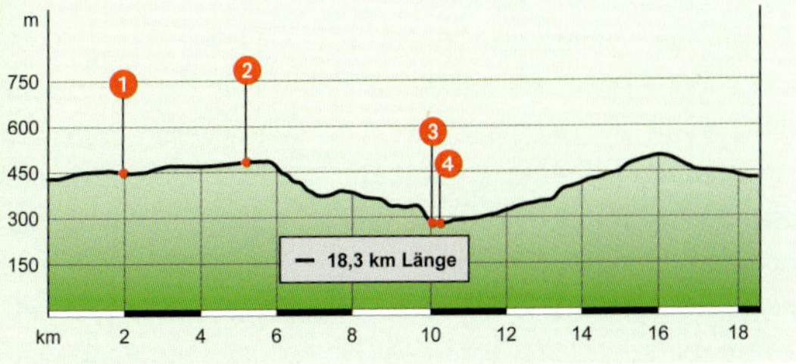

8 Niesetalaue und Papenhöfener Schweiz

TOURINFO KOMPAKT

Anspruch:	Länge:	Dauer:	Höhendifferenz:
leicht	7,8 km	2:15 Std.	133 m

Die malerischen Gewässer der Niesetalaue und die markante Topografie der Papenhöfener Schweiz prägen diese gemütliche Wanderung im Lipper Bergland.

Ausrüstung: Feste Schuhe, Getränke.

Anfahrt mit dem Auto: A33 bis Ausfahrt Paderborn-Nord, auf der B1 und B239 nach Marienmünster und weiter nach Kollerbeck.

Anfahrt mit Bus & Bahn: Mit dem Zug nach Höxter, mit dem Bus nach Marienmünster und weiter nach Kollerbeck.

Ausgangspunkt: Wanderparkplatz Kollerbeck
51° 51' 23" N 9° 14' 38" O

Einkehr: Gaststätten in Kollerbeck und Papenhöfen.
Unsere Empfehlung:
Zum Fuhrmann · Hauptstraße 11 · 37696 Marienmünster-Kollerbeck · Tel.: 0 52 84 / 51 43 · www.zum-fuhrmann.com, gemütliche Gaststätte, gehobene Küche mit leicht mediterranem Einschlag. Außerdem eine große Auswahl an Cocktails und verschiedenen Longdrinks. Mo Ruhetag.

Vom S Wanderparkplatz verläuft unser Weg zunächst durch die beschauliche Ortschaft Kollerbeck. Nach einem Stück parallel zur Pyrmonter Straße halten wir uns rechts auf einem Wanderweg, den wir bald links auf dem Schweizerburgweg verlassen. Wir passieren die schönen **Mühlteiche** 1 und die „Flute", bevor wir auf der Brinkstraße und dann auf der Hauptstraße weitergehen. Dabei überqueren wir die Niese und folgen dem Lauf des Kollerbachs aus dem Ort. Zunächst leicht ansteigend, später steiler bergan geht es nach **Papenhöfen** 2 hinauf, dem höchsten Punkt unserer Wanderung. Der Name der Ortschaft leitet sich übrigens von den einstmals hier gelegenen Höfen der Mönche von Marienmünster („Papen") ab. Wir verlassen den Ort auf dem Sträßchen „Kleine Trift" in Richtung Osten.
Kurz darauf erreichen wir das Zentrum der „Papenhöfener Schweiz". Hier haben sich zahlreiche kleine Bäche tief in die Landschaft eingegraben und ihren Weg zum Niesebach gebahnt. An ihrem östlichen Rand wird die Papenhö-

fener Schweiz von einem Steilhang begrenzt, an dem sich Bäume und Boden kaum halten können. Unterwegs kreuzt die **„Tengelbecke“** 3 mehrfach unseren Weg, die es mangels Brücken zu überspringen oder mit Hilfe von Trittsteinen zu überwinden gilt.

Unser Weg verläuft in einem weiten Linksbogen durch vornehmlich bewaldetes Gebiet und geht bald in einen asphaltierten Abschnitt über. Am Übergang vom Wald zu den Weiden erreichen wir erneut den Niesebach, der sich in Richtung Kollerbeck windet und dem wir auf einem Wanderweg teilweise direkt entlang des Ufers folgen. Er entspringt am westlichen Hang des Köterberges, oberhalb der Ortschaft Niese und mündet nach 25 Kilometern bei Schieder in die Emmer, einem Nebenfluss der Weser. Früher nutzten etliche Getreidemühlen die Wasserkraft des kleinen Baches. Wir halten uns an der nächsten Abzweigung links und gelangen über eine Furt wieder auf eine Landstraße. Diese führt uns an einem kleinen Wäldchen vorbei zurück nach Kollerbeck, wo wir sie über einen kurzen Fußweg zur Rechten verlassen und unseren Ausgangspunkt am Wanderparkplatz erreichen.

TOURPROFIL

Meist flacher Streckenverlauf, nur vor der Grillhütte leicht wellig.

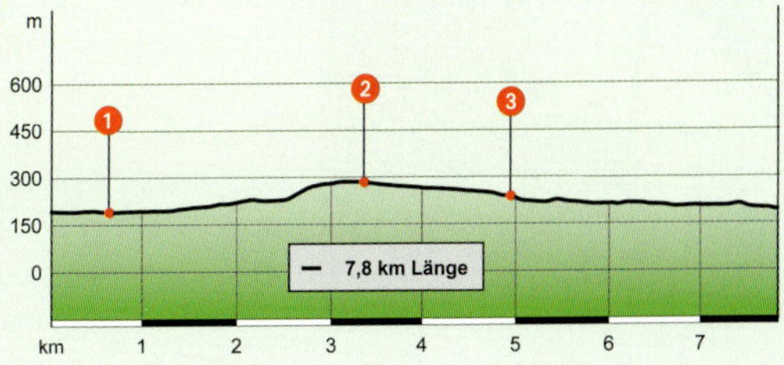

9 Lügder Mythenweg

TOURINFO KOMPAKT

Anspruch:	Länge:	Dauer:	Höhendifferenz:
leicht	5,1 km	1:30 Std.	233 m

Der Schatz eines Zwergenvölkchens, die weiße Jungfrau oder Rückzugsort der Cherusker – viele Geschichten und Sagen ranken sich um den aussichtsreichen „Lügder Mythenweg".

Ausrüstung: Feste Schuhe, Getränke.

Anfahrt mit dem Auto: A33 Ausfahrt Paderborn-Nord, über die B1 in Richtung Lügde und zum Wanderparkplatz.

Anfahrt mit Bus & Bahn: Mit Zug bis Lügde, mit dem Taxi (Tel.: 0 52 81 / 70 05) zum Wanderparkplatz.

Ausgangspunkt: Wanderparkplatz Hermannstal
51° 57' 3" N 9° 12' 23" O

Einkehr: Mehrere Einkehrmöglichkeiten in Lügde.
Unsere Empfehlung:
Lippischer Hof · Untere Dorfstraße 3 · 32676 Lügde-Elbrinxen · Tel.: 0 52 83 / 98 70 · www.lippischerhof.de,
stilvolles Gasthaus mit rustikalem Charme, vielfältige Küche, Spezialität des Hauses sind Fischvariationen. Täglich geöffnet.

Wir beginnen unsere kurze Rundwanderung am S Wanderparkplatz „Hermannstal" im Westen

▶ *Heimatmuseum Lügde.*

von Lügde. Nach einigen Metern entlang der Straße verläuft unser Wanderweg rechts entlang des Waldrandes. Der erste Teil des Aufstieges zur Herlingsburg entspricht dem alten Weg der Lügder zu „ihrer Borg". An einem **Rastplatz** 1 auf halber Höhe passieren wir den Ort, wo der Sage nach „die weiße Jungfrau" in Vollmondnächten nach ihrem Geliebten sucht. Ihre Geschichte kann auf einer liebevoll gestalteten Bank nachgelesen werden.
Dann geht es etwas steiler bergan bis zum Nordtor der **Herlingsburg** 2 hinauf, wo der Weg weiter

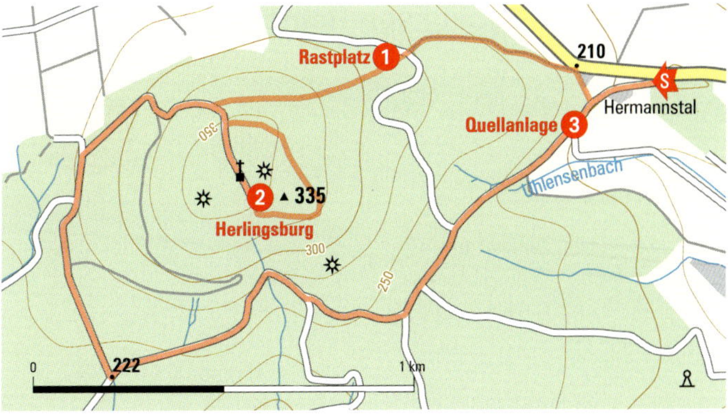

in das Innere der Wallanlage führt, in der sich noch Grenzsteine aus preußischer Zeit befinden. Wir genießen den herrlichen Ausblick in Richtung Köterberg bei einer ausgiebigen Verschnaufpause auf der gemütlichen Landschaftsliege. Entlang der alten Grenze von 1668 gelangen wir zur Schutzhütte, der nächsten sagenumwobenen Stätte unserer Wanderung. Gemäß der alten „Hermann-Sage" soll sich ein Zwergenvölkchen verstecken, das einen sagenhaften Schatz im Berg verborgen hält.

Der Rückweg zum Nordtor kann entweder direkt oder über die Wallanlage im westlichen Bereich begangen werden. Beim Weg über die Wallanlage erwartet uns einige Stellen mit phantastischem Ausblick ins Tal der Emmer.

Im weiteren Verlauf geht es bergab in Richtung Glashütte – vorbei an den Wölbäckern aus dem frühen Mittelalter, der Wegabzweigung zum „Bomhof" und der **Quellanlage** 3 der Stadt Lügde. An dieser Stelle wird die Sage des „alten Känzlers" erzählt, der mit den Bauern und Tieren seinen Schabernack trieb. Ein kurzes Stück weiter erreichen wir wieder den Ausgangspunkt unserer Tour.

TOURPROFIL

Zu Beginn zwei leichte Anstiege, danach gemächlich bergab.

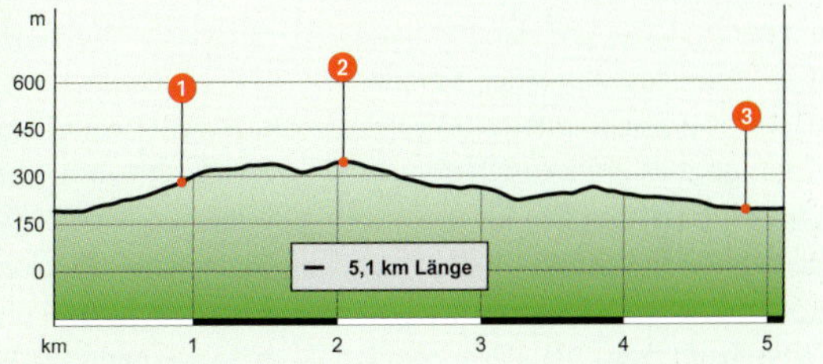

10 Auf den Hausberg von Hameln

TOURINFO KOMPAKT

Anspruch:	Länge:	Dauer:	Höhendifferenz:
mittel	12,1 km	3:45 Std.	314 m

Diese Wanderung führt uns durch den Hamelner Stadtwald, hinauf auf den bekannten Hausberg der Rattenfängerstadt – den Klüt.

Ausrüstung: Wanderschuhe, Proviant.

Anfahrt mit dem Auto: A2 Ausfahrt Rehren, weiter bis Hessisch Oldendorf und auf der B83 nach Hameln.

Anfahrt mit Bus & Bahn: Mit dem Zug oder der S-Bahn nach Hameln.

Ausgangspunkt: Weser-Brückenkopf in Hameln
52° 6‘ 5“ N 9° 21‘ 0“ O

Einkehr: Zahlreiche Einkehrmöglichkeiten in Hameln.
Unsere Empfehlung:
Rattenkrug · Bäckerstraße 16 · 31785 Hameln · Tel.: 0 51 51/ 2 27 31 · www.rattenkrug.de, Altstadt-Restaurant in einem alten Fachwerkbau. Serviert werden regionale Spezialitäten mit kreativem Einschlag. Täglich geöffnet.

Wir beginnen unsere Tour am S Brückenkopf an der Weser und laufen in westliche Richtung los. Unter der Pyrmonter Straße gehen wir hindurch und folgen der Klütstraße, bis links der Finkenborner Weg abzweigt. Auf diesem lassen wir Hameln schließlich hinter uns. Etwa 200 m hinter den letzten Häusern biegt man nach rechts auf den schmalen Waldweg ab, der ein kurzes Stück am Hang entlangführt. Hier hat man einen schönen Blick auf Hameln und ins Wesertal. Dann geht es ein wenig bergan und wir passieren den idyllisch gelegenen **Ruschenteich** 1. Dabei kommen wir auch am ehemaligen Janssens Park vorbei, der zu Beginn des 20. Jh. von einem Hamelner Fabrikanten errichtet wurde. Am Waldrand wenden wir uns nach links und laufen durch den Wald bergan bis zu einem mit Bäumen eingefassten Platz, der **Bismarckkanzel** 2. Weiter geht es dann in südliche Richtung und ein Stück an der Straße entlang, bis rechts ein Waldweg abzweigt. Auf diesem gehen wir weiter bis zu einem Querweg. Wir biegen nach rechts und gleich darauf nach links ab, um weiter geradeaus in westliche Richtung zu wandern. Schließlich erreichen wir den Ortsrand von **Bannensiek** 3, einem Ortsteil von Halvestorf. Nach etwa 300 m nehmen wir den Waldweg nach links

und laufen in südliche Richtung bergan. Nach etwa 1 km stoßen wir auf einen mit X markierten Querweg, dem wir wiederum nach links folgen. Auf geradem Wege geht es durch den Wald hindurch. Bei einer Schutzhütte halten wir uns links und folgen dann dem zur Asphaltstraße parallel verlaufenden Waldweg. Hier passieren wir Hügelgräber aus der Bronzezeit. Wenig später ist unser nächstes Etappenziel erreicht, das **Forsthaus Finkenborn** 4 mit Biergarten und Damwildgehege. Von der Straße, die direkt zum Klütturm führt, zweigt rechts ein Wanderweg ab, dem wir nun folgen. Nach wenigen Hundert Metern passieren wir einen querenden Waldweg, nach einigem Auf und Ab und einem kurzen Abstieg einen zweiten. Diesem folgen wir nach links, nun geht es etwas steiler bergauf. Über eine Serpentine erreichen wir schließlich den **Klütturm** 5 und die zugehörige Gaststätte. Auf dem Klüt entstanden im 18. Jh. verschiedene Verteidigungsanlagen, die Napoleon vor einer Eroberung Hamelns allerdings nicht abhielten. Der Klütturm bietet einen schönen Blick auf Hameln und bei klarer Sicht auf das gesamte mittlere Weserbergland (geöffnet Ostern–Okt.). Anschließend erfolgt der Abstieg nach Hameln, dabei geht es im Zickzack in nordöstliche Richtung steil bergab. Über die Reedenallee erreichen wir wieder die Klütstraße und schließlich den Brückenkopf an der Weser.

TOURPROFIL

Über leichte Hügel bergan bis zum Klütturm, danach steil bergab nach Hameln.

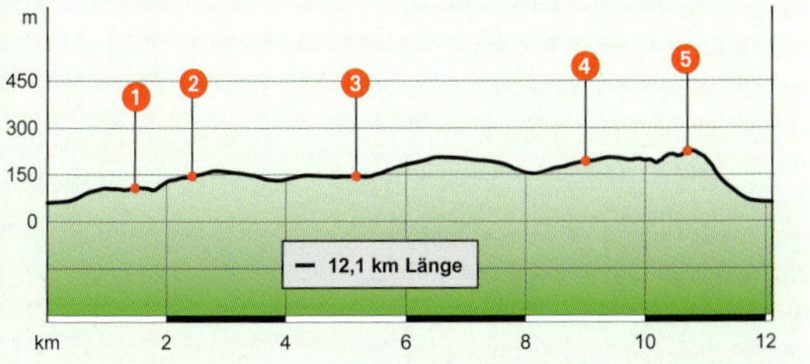

11 Zum Lönsturm auf dem Kanstein

TOURINFO KOMPAKT

Anspruch:	Länge:	Dauer:	Höhendifferenz:
mittel	12,2 km	3:45 Std.	381 m

Imposante Felsformationen und herrliche Ausblicke erwarten uns auf dieser Tour über den Höhenzug des Thüster Bergs.

Ausrüstung: Wanderschuhe, Getränke und Verpflegung für unterwegs.

Anfahrt mit dem Auto: A7 Ausfahrt Northeim-Nord, B3 bis Delligsen, dann auf der L462 nach Salzhemmendorf.

Anfahrt mit Bus & Bahn: Zug bis Osterwald, Bus nach Salzhemmendorf.

Ausgangspunkt: Wanderparkplatz Festplatz/am Kindergarten in Salzhemmendorf
52° 3' 54" N 9° 35' 26" O

Einkehr: Mehrere Gasthäuser in Salzhemmendorf.
Unsere Empfehlung:
Thermalbad-Restaurant in der Ith-Sole-Therme · In der Saale-Aue · 31020 Salzhemmendorf · Tel.: 0 51 53 / 21 00 · www.therme-online.de, deutsche und mediterrane Küche aus regionalen Produkten, tgl. geöffnet.

Start unserer Tour ist in S Salzhemmendorf am Wanderparkplatz beim Kindergarten. Hier orientieren wir uns direkt am Wegweiser in Richtung Lönsturm und folgen dem Waldweg bergan. Schließlich erreichen wir ein Hochplateau und befinden uns nun am Rand eines **Steinbruchs** 1. Teils führt unser Pfad am Zaun des Steinbruchs entlang, teils entfernt er sich leicht davon. Der „Bockshorn"-Fels und der „hohle Zahn" bilden imposante Gesteinskreaturen am Rande des alten Steinbruchs.
Waldwege und schmalere Pfade wechseln sich hier ab, teilweise schlängelt sich der Weg entlang der **Klippen des Kanstein** 2 zwischen Felsblöcken hindurch. Wir halten uns dabei immer an die Ausschilderung zum Lönsturm. Die Felsformation des „Westlichen Eckturm" dient quasi als natürliche Aussichtsplattform – von hier haben wir einen weiten Blick über das Saaletal bis zum Mittelgebirgszug des Ith. Kurz darauf stoßen wir auf einen Waldweg, der uns zum **Lönsturm** 3 führt. Der Lönsturm bietet uns einen tollen Rundumblick. Er ist etwa 26 m hoch und wurde zweimal aufgrund der größer werdenden Buchen um ihn herum um einige Meter erhöht. Er befindet sich auf dem Kanstein auf etwa 440 m

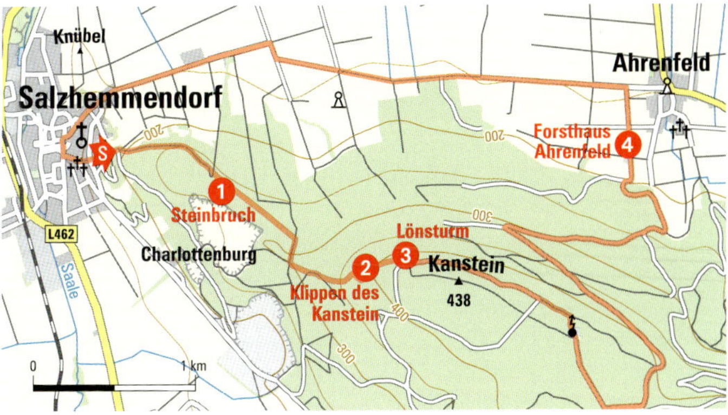

ü. NN, der die höchste Erhebung des Thüster Bergs darstellt. Bei klarer Sicht sieht man bis zum Brocken im Harz und dem Hermannsdenkmal im Teutoburger Wald. Weiter geht es dann in östliche Richtung. Beim Fernmeldeturm wenden wir uns nach rechts und stoßen wenig später auf eine T-Kreuzung, an der wir links abbiegen. An der nächsten Weggabelung halten wir uns wiederum links und folgen nun dem Weg bergab. Bald kommt eine enge Spitzkehre nach rechts, die uns weiter in Richtung Ahrenfeld führt. Kurz vor dem Waldrand verläuft unser Weg nach links und – mit Blick auf Ahrenfeld – dann am Waldrand entlang. Für ein kurzes Stück betreten wir dann wieder den Wald, den wir aber nach einem Rechtsbogen endgültig hinter uns lassen. Gleich hinter dem Wald kommen wir am **Forsthaus Ahrenfeld** 4 vorbei und gehen zwischen Wiesen und Feldern weiter zur nächsten T-Kreuzung. Hier biegen wir nach links ab und laufen nun in leichtem Auf und Ab nach Salzhemmendorf zurück. Wir erreichen den Ort über die Oster- bzw. Alleestraße, folgen dann der Hauptstraße nach links und gelangen so wieder zum Wanderparkplatz beim Kindergarten.

TOURPROFIL

Zwei stärkere Anstiege bis zum Lönsturm, danach lange bergab und am Ende ebene Strecke.

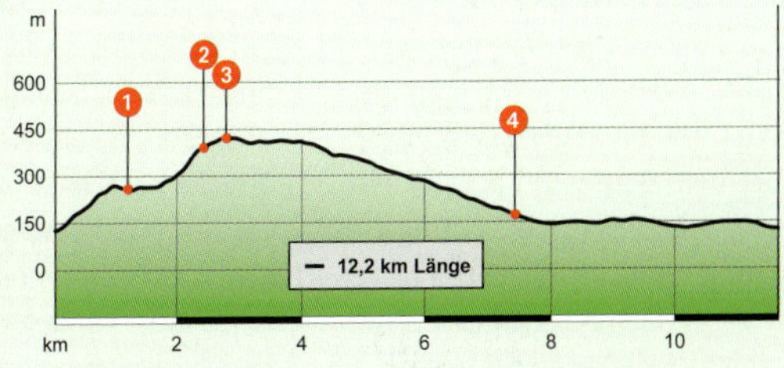

12 Der Bergmannsweg

TOURINFO KOMPAKT

Anspruch:	Länge:	Dauer:	Höhendifferenz:
schwer	21,7 km	8:00 Std.	493 m

„Ein Stück Industriegeschichte“ hautnah erleben – dieser Weg führt uns auf den Spuren der Vergangenheit von Bad Münder nach Osterwald. Begleitet von wunderbaren Panoramablicken und schöner Natur, erkunden wir die alten Bergbaustandorte.

Ausrüstung: Feste Wanderschuhe, ausreichend Getränke und Verpflegung für unterwegs.

Anfahrt mit dem Auto: A2 bis Ausfahrt Lauenau, weiter auf der B442 nach Bad Münder. Alternativ A7 Ausfahrt Hildesheim, B1 und B442 nach Bad Münder.

Anfahrt mit Bus & Bahn: Mit dem Zug nach Bad Münder.

Ausgangspunkt: Bahnhof Bad Münder
52° 10‘ 40“ N 9° 28‘ 3“ O

Einkehr: Mehrere Einkehrmöglichkeiten in Bad Münder und Osterwald.
Unsere Empfehlung:
Kornhus · Marktstraße 13 ·
31848 Bad Münder ·
Tel.: 0 50 42 / 30 74,
bodenständige Gaststätte in der Innenstadt von Bad Münder, serviert werden regionale und saisonale Gerichte.
Täglich geöffnet.

Unsere Tour beginnt am S Deisterbahnhof in Bad Münder und wir wechseln sogleich die Schienenseite, um der B442 eine kurzes Stück parallel in südliche Richtung zu folgen. Gleich darauf überqueren wir die Bundesstraße und gehen auf einem Wanderweg in östliche Richtung. Auf unserer Wanderung können wir uns an der durchgängigen Beschilderung orientieren und folgen immer dem Bergmann auf gelbem Untergrund, der uns die richtige Richtung weist. Unser Weg knickt bald leicht nach links ab und führt uns durch ein kleines Waldstück. An den folgenden Kreuzungen halten wir uns immer rechts, bis uns eine kleine Querstraße nach links ins „Mathildental“ leitet. Am Ende der Querstraße wenden wir uns nach rechts und streben nun zügig der südwestlichen Flanke des Katzbergs zu, dessen dichtes Blätterdach uns auf dem Weg entlang der Anhöhe begleitet. Schon bald wenden wir uns auf nun stärker ansteigender Strecke nach links in das bewaldete Gebiet. Nach einem Linksknick sehen wir auf der linken Seite die imposante **Königseiche** 1 und streben nun der B217 zu, die wir

▶ *Rastplatz am Bergmannsweg.*

überqueren und anschließend das beschauliche Altenhagen erreichen. Wir folgen der Straße „Zum Nesselberg" und später der „Roten Reihe", ehe wir den Ort auf der Straße „Zur Morgenruhe" verlassen.
Bald zweigt rechts eine Straße in Richtung **Kukesburg** 2 ab, die auf beständiger Steigung und kurvenreicher Strecke durch den dichten Mischwald führt. Unterwegs kreuzen einige idyllische Bächlein unseren Weg, während uns der dichte Baumbestand angenehmen Schatten spendet. In einem weiten Linksbogen umrunden wir die Anhöhe, bevor der Weg scharf rechts in Richtung Brünnighausen abzweigt. Wir steigen in Richtung des Dörfchens ab und erreichen den Parkplatz Tivoli. Hier erwarten uns Schutzhütte, Sitzgruppen, Wandertafel und ein Blick weit in das Land. Der bleibt uns auch erhalten, wenn wir nach links oberhalb der Straße Nesselberg zurück wandern und dem Streckenverlauf entlang des Bergmannsweges Richtung Dörpe folgen. Neben der Bergbaugeschichte steht hier

TOURPROFIL

Welliger Streckenverlauf mit drei größeren Steigungen.

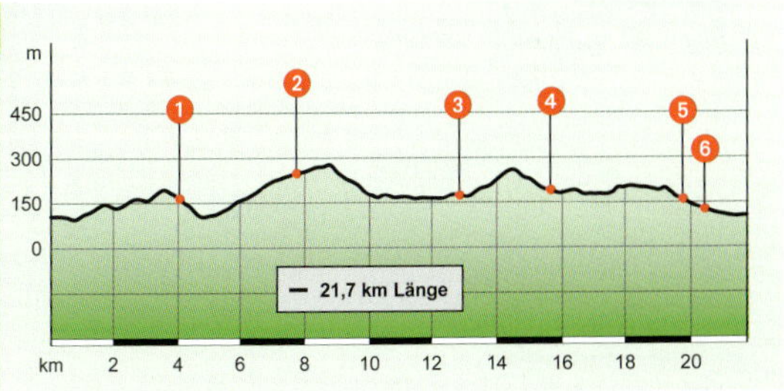

vor allem die schöne Natur im Mittelpunkt. Zahlreiche Informationstafeln versorgen uns mit allerlei Wissenswertem über das Wild und die lange Jagdtradition sowie die artenreiche Vogelwelt der Region. Wir halten uns nun entlang des Waldrandes in südöstliche Richtung. Hinter der **Pulvermühle** 3 wechseln wir von der Straße wieder auf einen Wanderweg. Zu unserer Rechten genießen wir den schönen Panoramablick über die tieferen Lagen, in denen sich auf der pittoreske Flecken Coppenbrügge ausbreitet. Wenig später erreichen wir das beschauliche **Salzburg** 4. 1733 erhielten sechs Familien, die wegen ihres evangelischen Glaubens aus dem Fürstbistum Salzburg vertrieben wurden, die Erlaubnis, sich am Osterwald oberhalb von Marienau anzusiedeln.

Unser Weg verläuft nun wieder auf gewundenen Pfaden durch den dichten Wald. Über leicht welliges Streckenprofil nähern wir uns nun zusehends Osterwald.

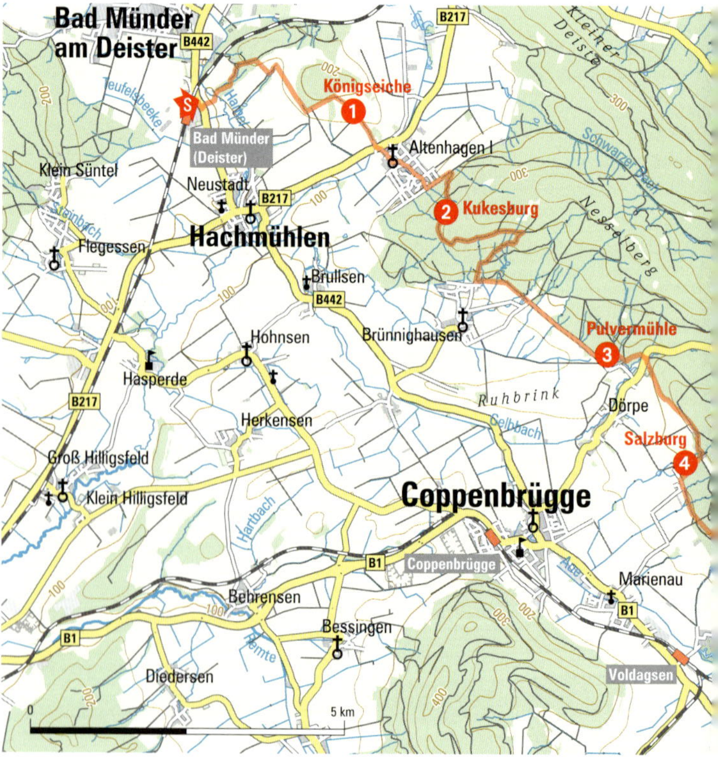

Kurz vor dem Ort mündet unser Pfad in die Salzburger Straße, die uns in das bebaute Gebiet führt. Der Ort wurde 1585 vom Herzog Julius von Braunschweig-Wolfenbüttel als Bergbaustandort gegründet, der primär die Salzhemmendorfer Saline versorgen sollte. Davon zeugt noch heute das **Besucherbergwerk „Hüttenstollen“** 5 mit seinem zugehörigen Museum, das wir nun erreichen wollen. Dazu gehen wir weiter nach links in die Straße „An der Jägerhütte“ und

folgen dieser bis zur „Drei-Linden-Straße“, der wir nach links folgen. An der nächsten Kreuzung halten wir uns rechts und gehen auf der Straße „Am Osterbrink“ weiter. Vor der Kirche wenden wir uns nach links in die Straße „An der Bimmelglocke“ und gehen dann rechter Hand am Waldrand entlang auf der Straße „Unter den Tannen“, die zum Besucherbergwerk führt. Hier finden wir Informationsmöglichkeiten über die Bergbau- und Gewerbegeschichte. Unterhalb des Museums folgen wir der Straße „Steigerbrink“ ins Tal. Nach etwa 250 m finden wir auf der rechten Straßenseite eine Glasstele, die über die berühmte Lauensteiner Feinglashütte berichtet, die sich dort im 18. und 19. Jh. befand. Etwa 150 m weiter auf der linken Seite befindet sich das Gebäude der ehemaligen Osterwalder Berginspektion und gegenüber der sogenannte „Pferdebrunnen“. Wir folgen der Straße weiter ins Tal, gehen am Juliusbrunnen vorbei in die Straße „Schwarzer Weg“. Etwa 500 m weiter passieren wir einen weiteren Glashüttenstandort im Ortsteil „Glashütte“. Eine dort befindliche weitere **Glasstele** 6 berichtet über die Fabrikgeschichte. Danach nähern wir uns bergab an der Hauptstraße entlang dem ehemaligen Holzwerk, hinter dem wir die Schienen unterqueren und links zum Bahnhof abbiegen, wo wir schließlich das Ziel unserer langen Tour erreicht haben.

13 Zur Teufelskanzel am Hohenstein

TOURINFO KOMPAKT

Anspruch:	Länge:	Dauer:	Höhendifferenz:
mittel	7,3 km	2:30 Std.	274 m

Diese Wanderung führt uns durch das Totental hinauf auf das Kalksteinplateau des Hohensteins zur aussichtsreichen Teufelskanzel und durch das idyllische Lange Föhrtal zurück.

Ausrüstung: Feste Wanderschuhe.

Anfahrt mit dem Auto: A2 bis Ausfahrt Eilsen, weiter auf der B83 nach Hessisch Oldendorf, dann zum Wanderparkplatz Kreuzsteinquelle.

Anfahrt mit Bus & Bahn: Mit dem Zug nach Hessisch Oldendorf, weiter mit dem Bus bis zum Wanderparkplatz.

Ausgangspunkt: Wanderparkplatz Kreuzsteinquelle
52° 11' 27" N 9° 18' 47" O

Einkehr: Diverse Einkehrmöglichkeiten in Hessisch Oldendorf.
Unsere Empfehlung:
Weinschänke Rohdental · Rohdental 20 · 31840 Hessisch Oldendorf · Tel.: 0 51 52 / 9 41 20 · www.weinschaenke.com, schönes Gasthaus am Fuße des Amelungsbergs zwischen Hameln und Rinteln, gutbürgerliche Küche mit regionalen Spezialitäten, Wildgerichten, fangfrischem Fisch und fruchtigen Hausweinen. Di Ruhetag.

Unsere Wanderung beginnt am S Wanderparkplatz Kreuzsteinquelle, etwa 6 km nordöstlich von Hessisch Oldendorf. Vom Startpunkt aus folgen wir dem Blutbach durch das sogenannte Totental. Diese Namen klingen nicht gerade einladend, lassen sich jedoch auf die Schlacht am Hohenstein im Jahr 782 zurückführen, in der sich die Franken und Sachsen unter Widukind und Karl dem Großen gegenüberstanden.
Zunächst geht es am schönen Bachlauf entlang, bis wir zur **Baxmannbaude** 1 kommen – eine idyllisch gelegenen Waldschänke, die samstags und sonntags zur gemütlichen Einkehr einlädt. Anschließend wandern wir auf dem Weserberglandweg steil durch den Wald hinauf zum Hohenstein.
Auf dem mystischen Felsplateau bestatteten einst die Germanen ihre Toten und errichteten eine Kultstätte. Am **Hirschsprung** 2, der ersten Felskanzel, lichtet sich der Wald und wir genießen eine herrliche Aussicht. Hier befinden sich auch eine Übersichtstafel, Sitzbänke und ein Hügelgrab aus der Bronzezeit.

Nun gehen wir an der Felskante entlang zur **Teufelskanzel** 3, die mit einem Geländer gesichert ist. Von dort lassen wir unseren Blick weit über das Naturschutzgebiet Hohenstein schweifen. Die Thementafel an der Schutzhütte informiert uns über die frühgeschichtliche Nutzung des Hohensteins zu germanisch-sächsischer Zeit. Das Felsplateau diente einst als Kultstätte, die der Frühlingsgöttin Ostara geweiht war. Die Existenz dieser alten Riten und Zeremonien bezeugt eine alte Runentafel aus gebranntem Ton. Diese wurde um 1500 auf der Ostseite des Plateaus nahe des sogenannten **„Grünen Altars“** 4 gefunden, an dem auch unser Weg vorbeiführt.

Wir erreichen schließlich das Ende der Klippen und halten uns an einer Weggabelung im Wald links. An den beiden darauffolgenden Abzweigungen wandern wir rechts weiter bis zu einer Weggabelung, an der wir uns wiederum rechts halten. Oberhalb des Langen Föhrtales geht es nun in leichtem Auf und Ab abwärts, bis wir schließlich den Langeförbach erreichen. Auf geradem Wege geht es nun weiter bergab zum Ausgangspunkt unserer Tour.

TOURPROFIL

Zunächst starker Anstieg, ab dem Hirschsprung wellig und bergab durchs Föhrtal.

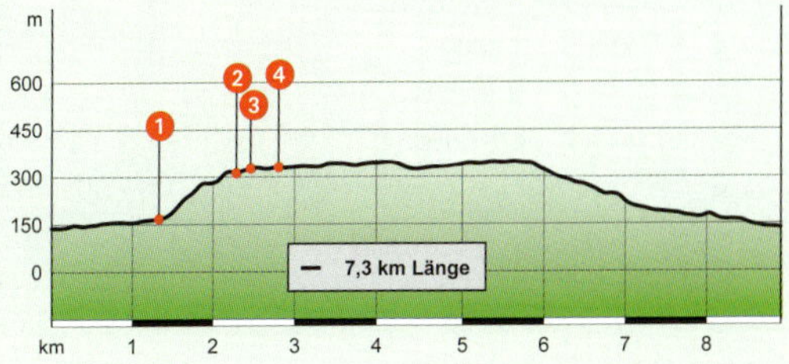

1 Dreiländereck: Weser, Diemel, Weser-Skywalk

TOURINFO KOMPAKT

Anspruch:	Länge:	Dauer:	Höhendifferenz:
leicht	25,2 km	1:45 Std.	234 m

Der besondere Reiz dieser familienfreundlichen Halbtagestour liegt im facettenreichen Wechselspiel von Hochflächen, Flusstälern und den Sehenswürdigkeiten unterwegs.

Ausrüstung: Fahrradhelm, Proviant, evtl. Badesachen für eine Badepause.

Anfahrt mit dem Auto: A44 Ausfahrt Warburg, weiter auf der B252 und B241 nach Beverungen.

Anfahrt mit Bus & Bahn: Mit dem Zug nach Lauenförde-Beverungen, weiter mit dem Bus nach Beverungen.

Ausgangspunkt: Cordt-Holstein-Haus in Beverungen
51° 39' 51" N 9° 22' 28" O

Einkehr: Verschiedene Restaurants und Gaststätten in Beverungen.
Unsere Empfehlung:
Bürgerstuben · Hersteller Straße 3 · 37688 Beverungen · Tel.: 0 52 73 / 44 44, gemütliches Restaurant mit gutbürgerlicher Küche. Mo Ruhetag.

► *Vor dem Cordt-Holstein-Haus.*

▶ *Blick vom Weser-Skywalk.*

Wir beginnen unsere Tour am S Cordt-Holstein-Haus in der fachwerkbunten Weserstraße in Beverungen, an deren Ende wir auf das urige **„Alte Fährhaus“** ① oberhalb des Dampferanlegers stoßen. Ab hier folgen wir dem Radweg R99 nach rechts. Unweit des Minigolfplatzes überqueren wir bereits die Bever, die hier – etwa 10 km nach ihrer Entstehung – in die Weser mündet. Wir passieren bald eine Schutzhütte, hinter der die Weser mehr und mehr einen Bogen beschreibt. Mit etwas Glück können wir hier in der sogenannten „Lumeke“ auch einige Fischreiher beobachten.

Das Wesertal verengt sich allmählich, und wir unterqueren die 1982 errichtete **Weserbrücke** ②, die die beiden Dörfer Würgassen und Herstelle miteinander verbindet. In Herstelle geht es am Ende des Weges bergauf in Richtung Ortskern und an der Durchgangsstraße nach rechts. Vor der katholischen Pfarrkirche biegen wir nach links ab und radeln weiter bergauf aus dem Ort hinaus. An der Weggabelung fahren

TOURPROFIL

Hauptsächlich ebener Streckenverlauf mit einer moderaten Steigung.

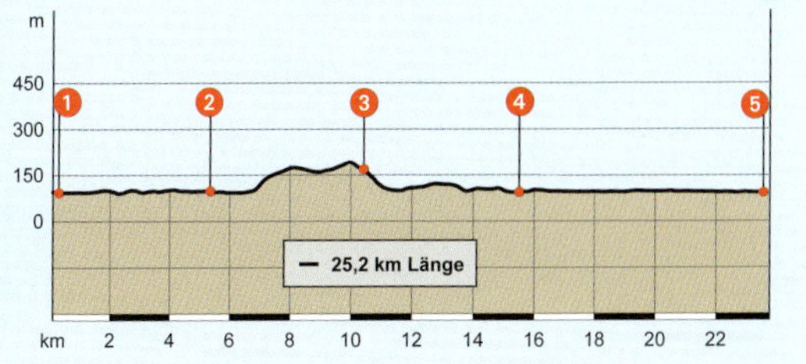

▶ *Auf dem Weser-Radweg.*

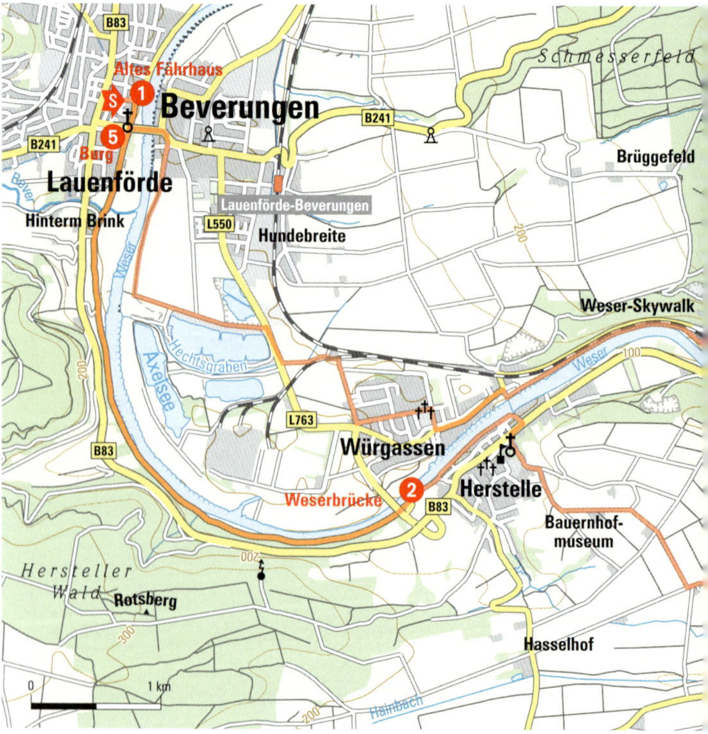

wir rechts über die Hochebene, gelangen zum Bauernhofmuseum auf dem Erlenhof, das unbedingt einen Besuch lohnt, bis wir geradeaus den Lindenhof erreichen. Weiter geht es links am Waldrand entlang und beim nächsten Abzweig rechts hinunter zur **Krukenburg** ❸. Vor der Burg fahren wir nach links und folgen dem Graseweg hinab bis zur Bundesstraße. Dort geht es rechts auf dem Radweg weiter in den Ortskern von Helmarshausen. Hier passieren wir das Museum im Alten Rathaus und fahren weiter zu den

ehemaligen Klosteranlagen aus dem 10. Jh. Anschließend radelt man rechts durch die Hagenstraße und Steinstraße zurück und überquert dann die Diemelbrücke. Weiter geht es am Ufer der Diemel entlang durch herrlichen Mischwald nach Bad Karlshafen. Dabei kommen wir am Hafenbecken und dem **Hugenotten-Museum** ❹ vorbei, ehe es geradeaus zur Weserbrücke geht und am Bahnhaltepunkt vorbei auf den Weser-Radweg. Dieser verläuft unmittelbar am Fuße der Hannoverschen Klippen, auf denen der Weser-Skywalk wartet – eine Aussichtsplattform mit zwei Ebenen und grandioser Aussicht. Wir haben nun wieder nordrhein-westfälischen Boden unter den Rädern und erreichen bald Würgassen. Dort biegen wir an der „Alten Linde" links in die Würrigser Straße ab, die wir auf Höhe der Kirche nach rechts verlassen, und folgen der Michaelsstraße. Über die Sollingstraße geht es auf die Straße Zum Knick und weiter links über den Bahnübergang. Anschließend führt uns die Würrigser Straße genau auf der Grenzlinie zwischen Niedersachsen und Nordrhein-Westfalen auf den Radweg nach Lauenförde. Abschließend geht es über die Lange Straße und die Weserbrücke wieder nach Beverungen zurück, das wir schon von Weitem an der 1330 errichteten **Burg** ❺ – dem Wahrzeichen der Stadt – erkennen. Rechts hinter der Weserbrücke haben wir den Ausgangspunkt unserer Tour erreicht.

2 Höxter erfahren: Klöster, Hügel, Weser

TOURINFO KOMPAKT

Anspruch:	Länge:	Dauer:	Höhendifferenz:
mittel	39,3 km	3:00 Std.	363 m

Diese herrliche Radtour führt uns von der historische Fachwerkstadt Höxter durch idyllische Natur zum Schloss und ehemaligen Kloster Corvey, dem Kloster Brenkhausen und zurück.

Ausrüstung: Fahrradhelm, Verpflegung.

Anfahrt mit dem Auto: A7 bis Ausfahrt Northeim-Nord, über B241 und B83 nach Höxter.

Anfahrt mit Bus & Bahn: Mit Zug oder Bus nach Höxter.

Ausgangspunkt: Weserbrücke (Floßplatz) in Höxter
51° 46‘ 23“ N 9° 22‘ 58“ O

Einkehr: Unterschiedliche Restaurants und zahlreiche Gaststätten im Stadtgebiet von Höxter.
Unsere Empfehlung:
Strullenkrug · Hennekenstraße 10 · 37671 Höxter · Tel.: 0 52 71 / 77 75 · www.wirtshaus-strullenkrug.de, gemütliches Wirtshaus mit moderner Küche, Salatkreationen und regionalen Spezialitäten sowie besondere Angebote nach Saison. Täglich geöffnet.

▶ *Historisches Rathaus Höxter.*

Unsere Tour beginnt in Höxter an der S Weserbrücke. Bevor wir uns auf den Weg machen, lohnt die **historische Altstadt** 1 mit ihren prächtigen Weserrenaissance-Bauten einen kurzen Rundgang.
Wir schlagen zunächst den Weg zu dem berühmten einstigen Kloster im Kulturland Kreis Höxter ein: das Schloss und **Kloster Corvey** 2. Das jahrhundertealte Westwerk der barocken Abteikirche und der alte Kaisersaal der Schlossanlage bilden auch heute noch ein imposantes Ensemble.
Wir fahren auf dem Weser-Radweg weiter, der uns am malerischen

▶ *Auf dem Weser-Radweg.*

Flussufer entlang schon bald an dem nächsten augenfälligen Bauwerk vorbeiführt: Das **Castrum Tonenburg** 3 bei Höxter-Albaxen ist mit seinem hoch aufragenden Wehrturm schon von Weitem zu sehen. Errichtet wurde die trutzige Anlage im Jahr 1315 von dem Corveyer Abt Rupert von Horhusen, der die Region damit vor Übergriffen der benachbarten Grafschaften und Herzogtümer bewahren wollte.

Wir durchfahren den Ort auf der Wehrstraße und dem Schwalenbergweg, der uns in westliche Richtung parallel zur Hauptstraße aus Albaxen herausführt.

Wir werden nun von den bewaldeten Passagen des Corveyer Forstes begleitet, während wir uns dem staatlich anerkannten Erholungsort Bödexen am Fuß des Köterbergs nähern. Von der im Volksmund auch scherzhaft als „Monte Bello" oder

TOURPROFIL

Anfangs flach, dann stärkerer Anstieg nach Bödexen, danach wellig.

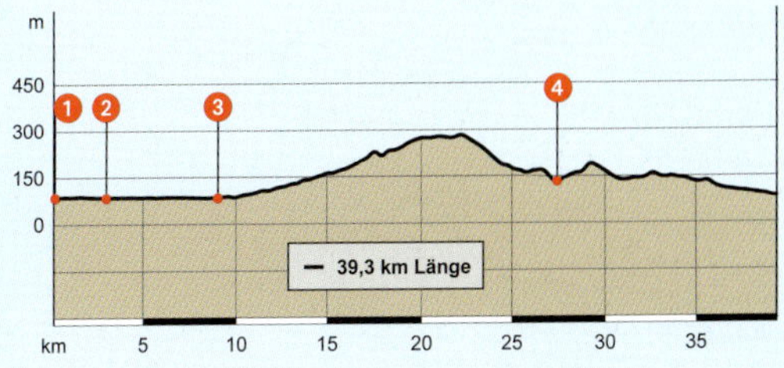

„Monte Wau-Wau" bekannten Anhöhe genießt man einen traumhaften Blick über die umliegende Ebene.
Wir folgen weiter der Hauptstraße, die uns durch den Ort nach Fürstenau bringt. Wenig später queren wir die B239 und gelangen daraufhin in den Wald Heiligengelsterholz, der uns angenehmen Schatten spendet. Schließlich erreichen wir das beschauliche Brenkhausen, wo

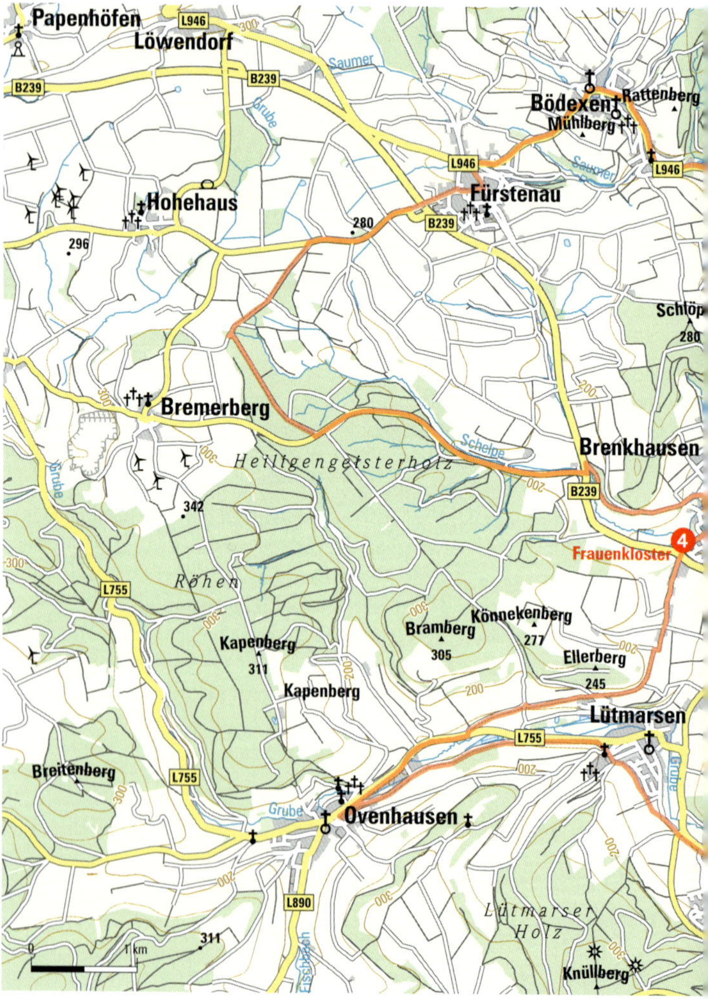

sich das ehemalige **Frauenkloster** 4 befindet. Das Kloster blickt auf eine Geschichte zurück, die bis ins Jahr 1246 reicht, und ist heute Bischofssitz der koptischen Gemeinde Deutschlands.

Abschließend geht es in gemütlicher Fahrt nach Ovenhausen und Lütmarsen, ehe wir in das Stadtgebiet von Höxter zurückkehren und unsere Radrunde mit einer schönen Einkehr beenden.

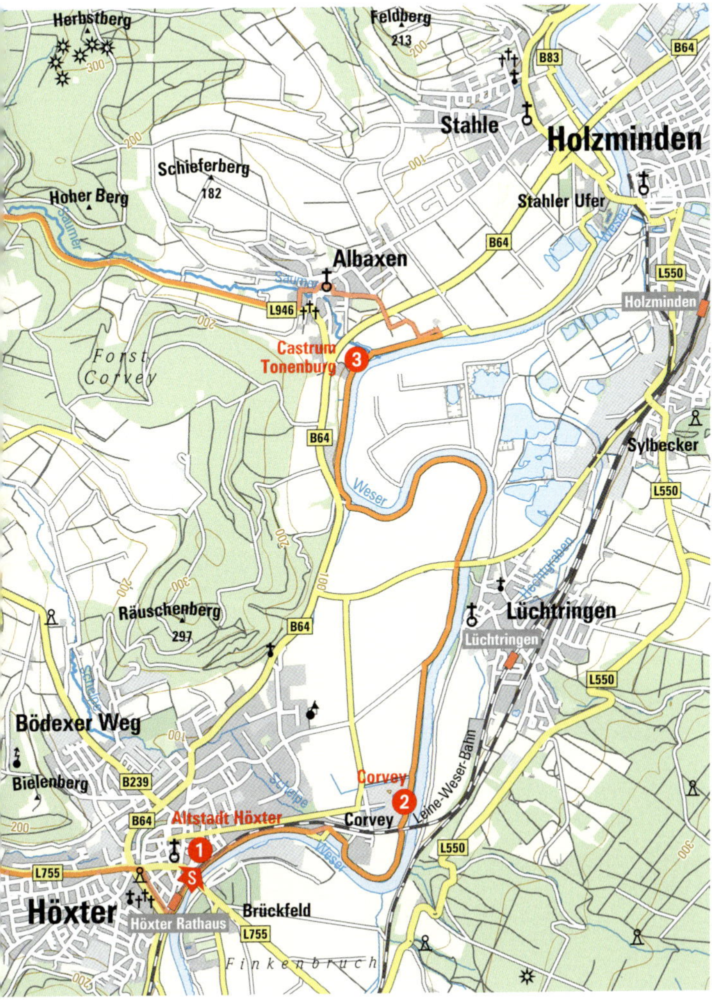

3 Weser-Radweg Höxter–Hameln

TOURINFO KOMPAKT

Anspruch:	Länge:	Dauer:	Höhendifferenz:
schwer	66,2 km	4:30 Std.	176 m

Diese märchenhafte Radtour verläuft auf historischen Pfaden entlang des schönen Weserufers von Höxter über Bodenwerder bis in die Rattenfängerstadt Hameln.

Ausrüstung: Fahrradhelm, ausreichend Getränke und Proviant.

Anfahrt mit dem Auto: A7 bis Ausfahrt Northeim-Nord, über B241 und B83 nach Höxter.

Anfahrt mit Bus & Bahn: Mit Zug oder Bus nach Höxter.

Ausgangspunkt: Rathaus Höxter
51° 46' 27" N 9° 22' 52" O

Einkehr: Unterschiedliche Restaurants und zahlreiche Gaststätten im Stadtgebiet von Höxter.
Unsere Emfehlung:
Restaurant Landsknecht · Stummrigestraße 17 · 37671 Höxter · Tel.: 0 52 71 / 92 19 86 · www.restaurant-zum-landsknecht.de, klassische deutsche Küche in den altehrwürdigen Mauern eines über 470 Jahre alten, denkmalgeschützten Fachwerkhauses. Mo Ruhetag.

▶ *Tonenburg.*

▶ *In der Altstadt von Höxter.*

Wir starten unsere Tour vor dem S Rathaus inmitten der malerischen **Altstadt von Höxter** 1, die heute zu einem kulturellen Zentrum mit breitem Veranstaltungsprogramm und vielseitigen Unternehmungsmöglichkeiten geworden ist. Vor der Abfahrt lohnt die malerische Stadt in jedem Fall einen kleinen Entdeckungsspaziergang durch die alten Gassen. Anschließend machen wir uns auf dem Weser-Radweg auf unsere lange Radtour. Wir fahren zunächst unmittelbar am Weserufer entlang, bis wir das Schloss und ehemalige **Kloster Corvey** 2 erreichen – ein historischer Schatz der Region. Zwei Weserschleifen später taucht in der Ferne der gelbe Wehrturm der **Tonenburg** 3 auf, der uns den Weg nach Albaxen weist. Wir halten uns entlang des Flusslaufes und gelangen so nach Holzminden, der Stadt der Düfte und Aromen, in

TOURPROFIL

Durchweg flacher Streckenverlauf mit minimalen Anstiegen.

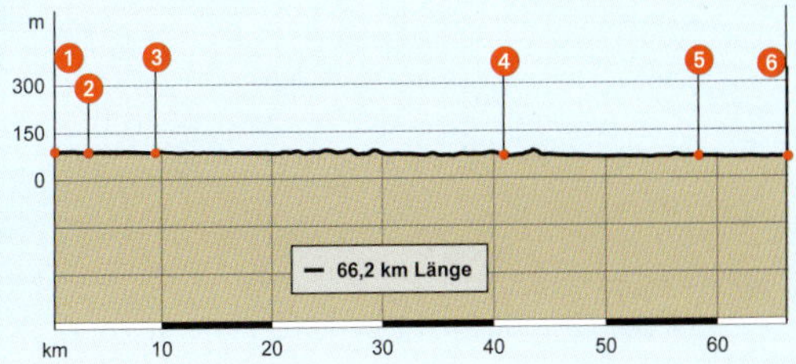

der wir die Uferseite wechseln. Der Weser-Radweg führt uns am Rande imposanter Waldgebiete vorbei, bis wir Polle liegen lassen und Bodenwerder erreichen. In der **Heimat des „Lügenbarons"** 4 ist der umtriebige Adelige allgegenwärtig und wird unter anderem in einem Musical regelmäßig zu neuem Leben erweckt. Anschließend lassen wir die faszinierenden Geschichten Münchhausens hinter uns und fahren gemütlich in Richtung des schönen Emmerthals weiter. Hier können wir der Emmer ein Stück flussaufwärts folgen und auf der traumhaften **Hämelschenburg** 5 vorbeischauen. Der alte Bau bietet Weserrenaissance par excellence mit prächtigen Fassaden und kunstvollem Stuck. Unser Hauptweg führt allerdings an der rechten Weserseite nach Hameln.

Die **„Rattenfängerstadt"** 6 zeigt sich über das ganze Jahr von ihrer märchenhaften Seite, wenn der eigentümliche Flötenspieler an allen Ecken und Enden auftaucht. Die wohl bekannteste Sage der Welt zieht auch heute Tausende in ihren Bann und kleidet die Stadt in Events, wie dem Musical „Rats" und den überregional bekannten Rattenfänger-Freilichtspielen in historisches Gewand. In der schönen Altstadt erreichen wir unweit des Hochzeitshauses den Zielpunkt unserer Fahrt.

► *Rattenfängerstadt Hameln.*

Haverbeck
B83n
L433
B217
Weser
Rattenfängerstadt
6
Klein
Berkel
Hameln
Afferde
Remte
B1
L422
Osterwald
Coppenbrügge
Marienau
Osterwald
Ith
Bisperode
Lauenstein
Hastenbeck
Hastebach
Saale
Salzhemmendorf
B1
Tündern
L425
Aerzen
Groß
Berkel
L432
5
Hämelschenburg
Emmern
Kirchohsen
Leinebergland
L462
Ilse
Börry
Grohnde
Wallensen
L424
Bad
Pyrmont
L431
B83
Heyen
L588
Halle
B240
Löwensen
Weser
4
Hehlen
Dielmissen
L429
L428
Heimat des
„Lügenbarons“
Bodenwerder
Kirchbrak
L586
Lügde
Lipper
Bergland
Ottensteiner
Ottenstein
Hochebene
Vogler
Brevörder Bach
Wörmke
Sabbenhausen
L580
Elbrinxen
L426
Weser
Polle
Golmbach
Forstbach
Ilsenbach
L827
Spiekersiek
Negenborn
Rischenau
L584
Heinsen
Stadtoldendorf
L583
Deensen
Bevern
Leine-Weser-Bahn
Twierbach
B83
B64
Bödexen
L946
Stahle
Saumer Bach
Hasselbach
Fürstenau
Albaxen
Tonenburg
3
Schelpe
Brenkhausen
L550
Oberwälder
Land
Holzminden
Höxter
Lüchtringen
B497
Solling
Lütmarsen
B239
2
Corvey
L755
S
1
L549
Ovenhausen
Otterbach
Silberborn
Altstadt Höxter
Neuhaus im
Solling
0
5 km
Boffzen

MTB 4 Vogler – Drei Türme Tour

TOURINFO KOMPAKT

Anspruch:	Länge:	Dauer:	Höhendifferenz:
schwer	35,3 km	4:00 Std.	780 m

Diese Tour führt uns über Kloster Amelungsborn am östlichen Rand des Voglers nach Bodenwerder und über den Voglerkamm mit herrlichem Blick ins Wesertal und Weserbergland zurück.

Ausrüstung: Fahrradhelm, ausreichend Getränke und Verpflegung.

Anfahrt mit dem Auto: A7 bis Ausfahrt Northeim-Nord, weiter auf der B3 nach Einbeck und auf der Landstraße nach Stadtoldendorf.

Anfahrt mit Bus & Bahn: Mit dem Zug nach Stadtoldendorf.

Ausgangspunkt: Stadtoldendorf
51° 53‘ 16“ N 9° 37‘ 12“ O

Einkehr: Mehrere Einkehrmöglichkeiten in Stadtoldendorf.
Unsere Empfehlung:
Haus am Eberbach · Linnenkämper Straße 26 · 37627 Stadtoldendorf · Tel.: 0 55 32 / 30 03 · www.haus-am-eberbach.de, Klassiker von Currywurst bis zum Rumpsteak. So Ruhetag.

▶ *Aussicht vom Bodoturm.*

▶ *Klosteranwesen Amelungsborn.*

Wir beginnen unsere Tour im Zentrum von S Stadtoldendorf und schlagen den Rosenbuschweg ein. Dabei kommen wir zunächst am **Klostergut Amelungsborn** 1 vorbei, ehe wir kurz vor Holenberg rechts abbiegen. Wir umrunden den dicht bewaldeten Bützeberg auf dem Voglerrundweg entlang seiner rechten Flanke. Über den seitlichen Hügelrücken passieren wir Eschershausen zwischen dem Piepenberg und Kappenberg, ehe es durch einen Taleinschnitt nach Kirchbraak weitergeht. Hier passieren wir die **Untere Mühle** 2 und radeln auf

TOURPROFIL

Nach anfänglichem Auf und Ab steiler Anstieg zur Königszinne.

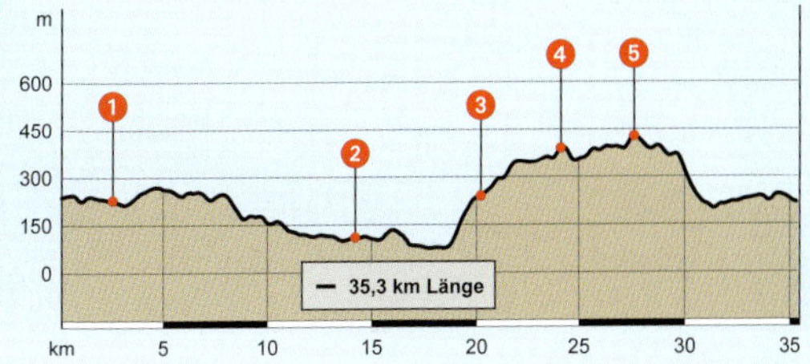

einem von leichtem Wald gesäumten Weg unterhalb des Kreienberg bis Linse. Dabei begleitet uns der Lauf der Lenne, bis wir den kleinen Ort erreichen.
Nach der gemütlichen Fahrt bis dorthin erwartet uns jetzt ein Anstieg. Wir wenden uns nach links und erklimmen die aussichtsreiche **Königszinne** 3, die uns eine wunderbare Sicht auf Bodenwerder und die Weser garantiert. Danach geht es leicht bergan weiter auf den Werderberg, bevor wir über den Kammweg weiter zum **Bodoturm** 4 gelangen. Der Gitterturm lohnt den Aufstieg – Schwindelfreiheit vorausgesetzt. Im weiteren Verlauf zieht die Steigung merklich an und wir arbeiten uns kontinuierlich zum wohl schönsten Aussichtsturm des Weserberglandes vor – der auf 460 m gelegene **Ebersnackenturm** 5. Von unserer hohen Warte genießen wir den Ausblick über die zur Talebene abfallenden Höhenzüge und das malerische Wesertal.
Nach diesem wunderbaren Panoramablick machen wir uns nun auf den verdienten Downhill nach Holenberg, der uns in rasanter Abfahrt nach Holenberg hinabführt. Wir durchfahren das beschauliche Dörfchen auf dem Ebersnackenweg, der Karl-Strote-Straße und der Hauptstraße, die uns wieder zu der vom Hinweg bekannten Strecke führt, über die wir erneut das Kloster passieren und den Startpunkt unserer Tour erreichen.

▶ *Königszinne.*

Halle
B240
Hunzen
Tuchtfeld
3
Königszinne
Bodenwerder
Weser
Untere Mühle
2
Dielmissen
Westerbrak
Kirchbrak
Ahlbach
Lüerdissen
B240
Lenne
Bodoturm
4
Breitenkamp
Vogler
Oelkassen
Wabach
Riehenbach
Eschershausen
Ebersnacken
460
5
Ebersnackenturm
B64
Angerbach
Rühler Bach
Hüttebach
Holenberg
Golmbach
Klostergut Amelungsborn
1
Forstbach
Warbsen
Mollerbach
Fahrenbach
B64
Negenborn
S
Stadtoldendorf
Stadtoldendorf
0
5 km

5 Weser-Radweg Hameln – Minden

TOURINFO KOMPAKT

Anspruch:	Länge:	Dauer:	Höhendifferenz:
schwer	67,5 km	4:45 Std.	225 m

Diese anspruchsvolle Tagestour führt uns auf dem Weser-Radweg von der märchenhaften Rattenfängerstadt Hameln vorbei am Staatsbad Bad Oeynhausen und der Porta Westfalica bis ins „merk-würdige“ Minden.

Ausrüstung: Fahrradhelm, ausreichend Getränke und Verpflegung, evtl. Badesachen für einen Stopp an der Weser.

Anfahrt mit dem Auto: A2 bis Ausfahrt Rinteln, weiter auf der B83 nach Hameln.

Anfahrt mit Bus & Bahn: Mit dem Zug/der S-Bahn nach Hameln.

Ausgangspunkt: Weserufer Hameln 52° 6‘ 40“ N 9° 20‘ 56“ O

Einkehr: Zahlreiche Einkehrmöglichkeiten in Hameln.
Unsere Empfehlung:
Rattenkrug · Bäckerstraße 16 · 31785 Hameln · Tel.: 0 51 51/ 2 27 31 · www.rattenkrug.de, kurios-kreative Spezialitäten. Täglich geöffnet.

► *Marktplatz Rinteln.*

▶ *Doktorsee bei Rinteln.*

Startpunkt unserer Tour ist das S Weserufer in **Hameln** 1, der Heimat des berühmten Rattenfängers und Schauplatz vieler Veranstaltungen rund um das Märchen. Wir schwingen uns an der Fischbecker Straße in den Sattel und machen uns am Flussufer entlang in nordwestliche Richtung auf den Weg. Wir begleiten die B83 bis zum Stadtausgang und folgen fortan dem ausgeschilderten Radweg. Durch idyllische Landschaft geht es an Fischbeck vorbei nach Hessisch Oldendorf. Die gewundene Weser führt uns über ebenes Land und schöne Flussauen weiter nach **Rinteln** 2. In der ehemaligen Universitätsstadt können wir eine erste Pause einlegen und in einem der schönen Fachwerk-Cafés einkehren. Landschaftlich bettet sich das „Rintelner Becken" wunderbar in den Naturpark Weserbergland Schaumburg-Hameln ein, in dem sich die Mittelgebirgs-Charakteristik

TOURPROFIL

Größtenteils flacher Verlauf, nur auf Höhe Vlotho ein kurzer Anstieg.

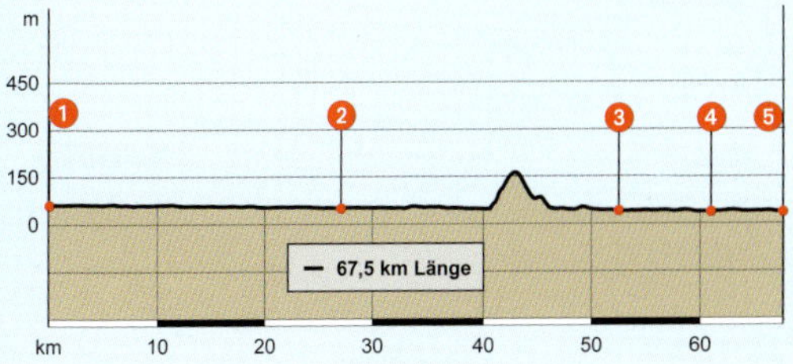

zu verlieren beginnt. In seinem weiteren Verlauf führt uns der Weser-Radweg zweimal über den Fluss und anschließend an seinen malerischen Schleifen entlang in Richtung Westen.
Auf Höhe von Vlotho wenden wir uns nordwärts und passieren **Bad Oeynhausen** 3 mit seiner schönen Seenlandschaft auf dem Weg nach Porta Westfalica. Dort erwartet uns das 88 m hohe **Kaiser-Wilhelm-Denkmal** 4, das sich auf dem Wittekindsberg erhebt und bereits von Weitem sichtbar ist. Hier vollzieht sich auch der Durchbruch der

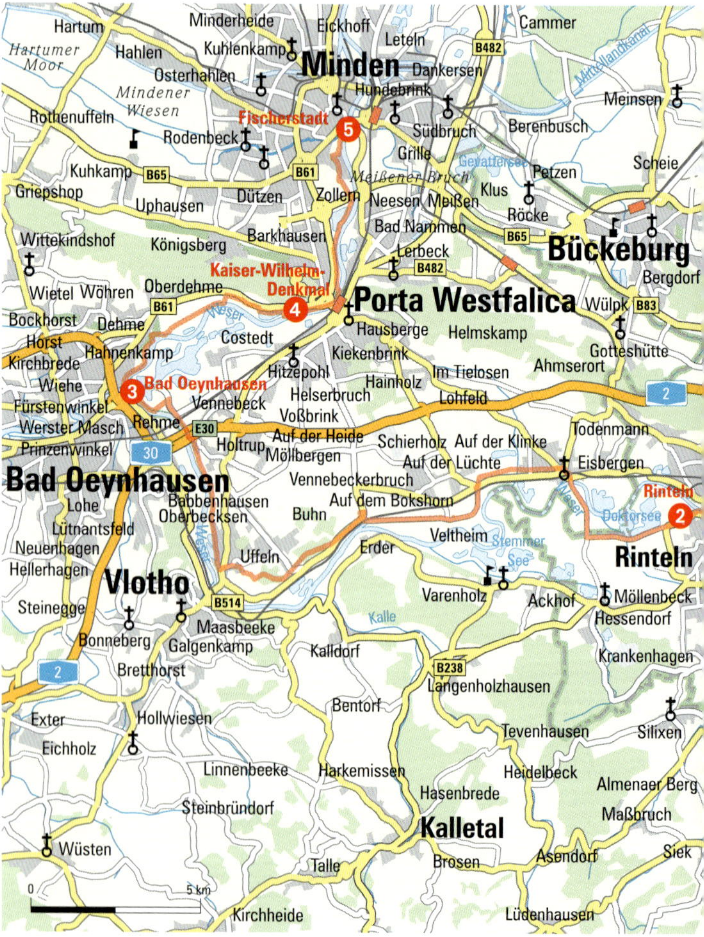

Weser vom Mittelgebirgsland in die Norddeutsche Tiefebene. Abschließend radeln wir flussabwärts nach Minden weiter. An dem historischen Epizentrum des Mindener Landes kreuzen sich der Mittellandkanal und die Weser in einem der größten Wasserstraßenkreuze der Bundesrepublik. Mit Blick auf den regen Schiffsverkehr erreichen wir abschließend den Stadtteil **Fischerstadt** 5, in dem wir das Ziel unserer Tour erreicht haben. Die mittelalterlich anmutenden Altstadt und die pittoreske Schiffmühle lohnen eine Besichtigung.

6 E-Bike-Tour Weser – Süntel – Auetal

TOURINFO KOMPAKT

Anspruch:	Länge:	Dauer:	Höhendifferenz:
mittel	43,0 km	3:30 Std.	494 m

Diese hügelige E-Bike-Tour führt uns zu kulturreichen und naturschönen Stätten rund um Hessisch Oldendorf. Unterwegs genießen wir die aussichtsreichen Wege und gemütlichen Einkehrmöglichkeiten.

Ausrüstung: E-Bike, Fahrradhelm und Verpflegung.

Anfahrt mit dem Auto: A2 Ausfahrt Rinteln, B83 nach Hessisch Oldendorf.

Anfahrt mit Bus & Bahn: Mit dem Zug nach Hessisch Oldendorf.

Ausgangspunkt: Beim Friedhof in Hessisch Oldendorf
52° 10' 6" N 9° 15' 9" O

Einkehr: Zahlreiche Einkehrmöglichkeiten in Hessisch Oldendorf.
Unsere Empfehlung:
Weinschänke Rohdental · Rohdental 20 · 31840 Hessisch Oldendorf · Tel.: 0 51 52 / 9 41 20 · www.weinschaenke.com, aussichtsreiches Gasthaus inmitten der Weserberge, serviert werden besondere Wildgerichte, fangfrischer Fisch und fruchtige Hausweine. Di Ruhetag.

In S Hessisch Oldendorf schwingen wir uns in den Sattel unserer E-Bikes und folgen der Beschilderung „Süntel-Weser". Am Weserufer entlang geht es zum berühmten **Stift Fischbeck** 1, ehe wir

▶ *Stift Fischbeck.*

▶ *Schillat-Höhle.*

uns über die Dörfer Höfingen und Bensen zur Pappmühle aufmachen. Dort haben wir eine erste Gelegenheit eine kurze Verschnaufpause einzulegen oder die entspannende Wassertretstelle am Parkplatz Kreuzsteinquelle aufzusuchen. Danach fahren wir am idyllischen Hollenbach entlang zur weithin bekannten **Baxmannbaude** 2. Die schöne Waldschänke liegt inmitten ursprünglicher Natur und lädt mit Kaffee, Kuchen und herzhaften Gerichten zu einer erholsamen Einkehr. Ihr Name geht auf den Baxmann zurück, ein sagenumwobener Ratskellerwirt und Schurke, der Hessisch Oldendorf den Überlieferungen zufolge auch noch nach seinem Tod heimgesucht haben soll.

Wenig später erreichen wir die imposante **Schillat-Höhle** 3.

Die nördlichste Tropfsteinhöhle Deutschlands beherbergt faszinierende Steinformationen, die vom Lichtspiel der Höhle wunderbar inszeniert werden. In dem zugehörigen Café können wir uns eine Stärkung schmecken lassen und zudem die hervorragende Aussicht genießen. Nach diesem Zwischenstopp rollen wir, von der Antriebs-

TOURPROFIL

Zu Beginn abschüssig, ab Fischbeck bis zur Schillathöhle stark ansteigend, danach wellig.

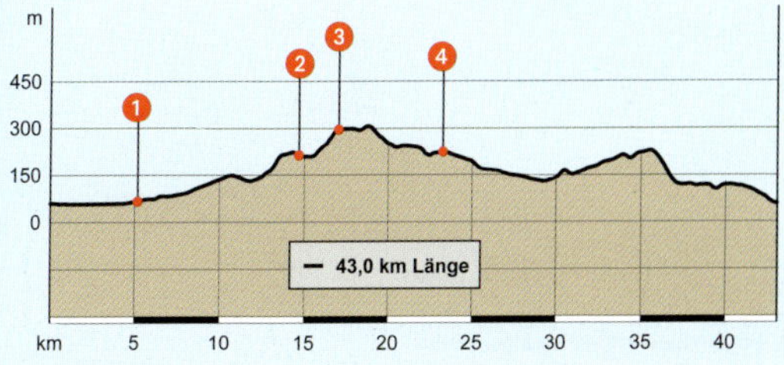

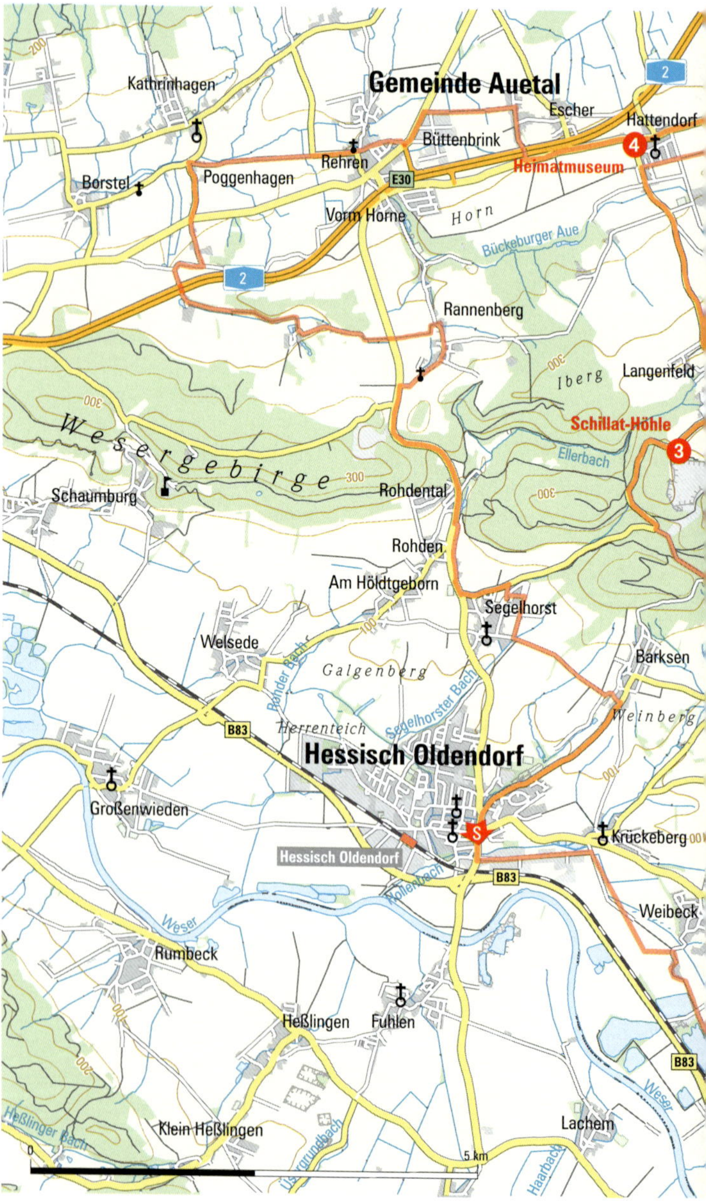
Gemeinde Auetal
Kathrinhagen
Escher
Hattendorf
Büttenbrink
Rehren
Poggenhagen
Borstel
Heimatmuseum
E30
Vorm Horne
Horn
Bückeburger Aue
2
Rannenberg
Iberg
Langenfeld
Schillat-Höhle
Wesergebirge
Ellerbach
Schaumburg
Rohdental
Rohden
Am Höldtgeborn
Segelhorst
Welsede
Galgenberg
Barksen
Rohder Bach
Segelhorster Bach
Weinberg
Herrenteich
B83
Hessisch Oldendorf
Großenwieden
Krückeberg
Hessisch Oldendorf
Rollenbach
Weibeck
Weser
Rumbeck
Heßlingen
Fuhlen
Heßlinger Bach
Klein Heßlingen
Lachem
Haarbach
0
5 km

hilfe angenehm unterstützt, nach Langenfeld weiter. Hier können wir den kurzen Abstecher zum höchsten natürlichen Wasserfall Niedersachsens wagen. Anschließend verlassen wir den Ort, biegen rechts ab und kommen in das beschauliche Örtchen Hattendorf, wo das charmante **Heimatmuseum** ❹ einen kleinen Zwischenstopp lohnt.

Danach fahren wir weiter nach Rehren und zweigen in Richtung Borstel ab. Unser Weg führt uns unter dem hoch aufragenden Autobahnviadukt hindurch und wir passieren bald die beiden schönen Güter Oelbergen und Bodenengern.

Nun radeln wir ein Stück auf dem bekannten Pilgerweg Loccum-Volkenroda und kommen am Naturfreundehaus Schneegund vorbei, das uns noch eine letzte Möglichkeit zur Einkehr bietet, ehe wir uns über das kleine Rohdental wieder zurück nach Hessisch Oldendorf begeben, wo wir unsere Tour begonnen haben.

VERLEIHSTATIONEN

Im Weserbergland gibt es zahlreiche Verleihstationen, an denen E-Bikes ausgeliehen werden können. Außerdem können dort – und an zusätzlichen Akkuwechselstationen – die Akkus ausgetauscht werden, sodass der „zusätzliche Schub" unterwegs nicht ausgeht. Auch in Hessisch Oldendorf beim Rathaus befindet sich eine Verleihstation (Tel.: 0 57 51 / 40 39 80). Weitere Infos auch unter www.westliches-weserbergland.de.

7 TERRA.trail 6: Rund um die Porta Westfalica

TOURINFO KOMPAKT

Anspruch:	Länge:	Dauer:	Höhendifferenz:
schwer	74,2 km	6:30 Std.	743 m

Diese Radrunde um die Porta Westfalica verbindet schmale Höhenzüge und sanfte Weserauen zu einer abwechslungsreichen Tour. Unter der Wacht des Kaiser-Wilhelm-Denkmals geht es entlang des Weser- und Wiehengebirges zum Weserdurchbruch an der westfälischen Pforte.

Ausrüstung: Fahrradhelm, ausreichend Getränke und Verpflegung.

Anfahrt mit dem Auto: A2 bis Ausfahrt Porta Westfalica-Veltheim, weiter über die B482 nach Porta Westfalica.

Anfahrt mit Bus & Bahn: Mit Zug oder Bus nach Porta Westfalica.

Ausgangspunkt: Porta Westfalica
52° 14' 28" N 8° 55' 18" O

Einkehr: Verschiedene Einkehrmöglichkeiten in Porta Westfalica.
Unsere Empfehlung:
Gasthaus „Zum Alten Krug" · Mahrstr. 2 · 32457 Porta Westfalica · Tel.: 0 57 06 / 5 32 · www.gasthaus-stiller.de, gutbürgerliche Küche aus regionalen Gerichten, mit Biergarten und Spielplatz. Mo und Di Ruhetag.

Unsere Fahrradttour startet in der S Hauptstraße in Porta Westfalica. Wir überqueren sogleich den Weserfluss auf der Portastraße, ehe es auf dem Häverstädter Weg durch den westlichen Stadtrand geht.
Auf leicht welliger Strecke fahren wir für gut 10 km am Rand des Wiehengebirges entlang.
Dabei passieren wir zunächst Häverstädt und Griepshop. Mitten im Ort kommen wir an einem kleinen, achteckigen Häuschen vorbei, unter dem sich ein **Schwefelbrunnen** 1 befindet, der den Ort seit über 200 Jahren mit Heilwasser versorgt. Danach fahren wir in das beschauliche Elfte, bevor wir uns durch die sogenannte **Wallücke** 2 auf die andere Seite des Höhenzugs begeben. Der Anstieg stellt uns vor keine größeren Probleme und wir können uns sogleich an die Umrundung des **„Bergkirchener Kopfes"** 3 machen.
Hinter Bergkirchen nehmen wir den Volmerdingsener Weg in südöstliche Richtung, ehe wir auf die Wiehengebirgsstraße abbiegen.
Bei Wittekindshof geht es für uns wieder in etwas gebirgigeres Terrain entlang des Hügelrückens, bis wir schließlich auf dem Kronenweg

► *Porta Westfalica.*

abbiegen und in leichter Abfahrt in die tiefergelegenen Niederungen gelangen. Auf der asphaltierten Straße rollen wir entspannt nach Wöhre weiter und biegen dann links in Richtung Langenbrink ab. Anschließend folgen wir der Radwegebeschilderung über die B61 und erreichen wieder das Weserufer.

Hier am **„Großen Weserbogen“** 4 befindet sich die Mündung der Werre, die wir auf einer Brücke

TERRA.trails

TERRA.vita ist ein Natur- und Geopark rund um Osnabrück. Er umfasst die Flächen des Teutoburger Walds, des Wiehengebirges und der Ankumer Höhe. 17 anspruchsvolle Tages- und Halbtagestouren, die TERRA.trails, erschließen den Park auf 1.000 Kilometern Wegstrecke und führen zu 200 Sehenswürdigkeiten, die Informationen zur Erd-, Menschheits- und Bergbaugeschichte in einer faszinierenden Landschaft bereithalten.

TOURPROFIL

Einige sehr steile Anstiege und Abfahrten neben ebenen Streckenabschnitten.

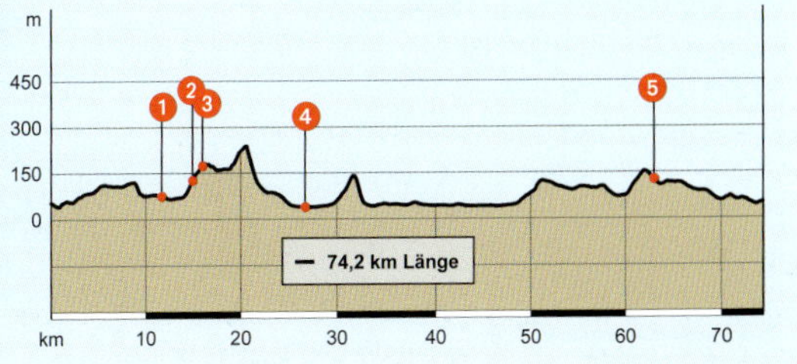

überqueren. Die Fähre „Amanda“ bringt uns an dieser Stelle über die Weser. In dem pittoresken Urlaubsgebiet erwarten uns erstmals intensivere Steigungen, die uns bei Vlotho über die Weser und weiter nach Porta Westfalica führen. Dabei passieren wir ein wunderbares Vogelschutzgebiet. Wir durchfahren den Ort und wenden uns in

östlicher Richtung der Südflanke des Wesergebirges zu. Vorbei an der Roten Klippe wechseln wir an gewaltigen **Kalksteinbrüchen** 5 vorbei die Gebirgsseite nach Kleinbremen, von wo es erneut am Rande der Anhöhe zurück nach Porta Westfalica geht. Dort erreichen wir wieder den Ausgangspunkt unserer Tour.

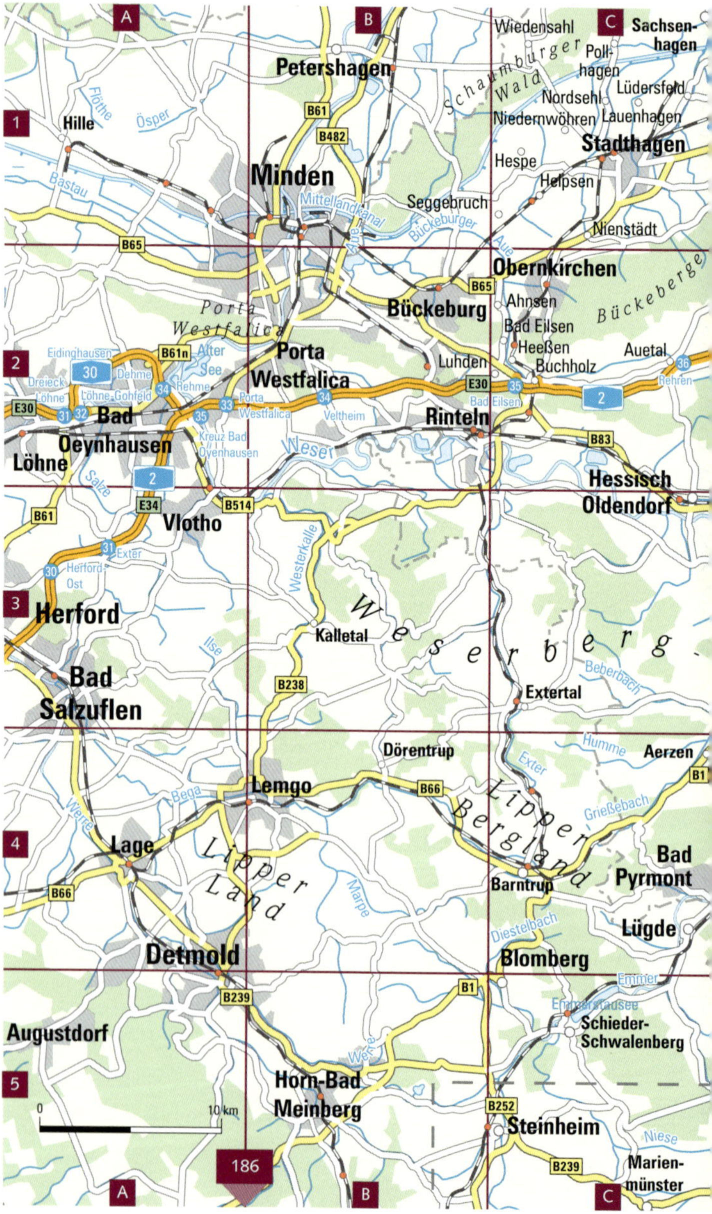
Petershagen
Minden
Hille
Wiedensahl
Sachsen-hagen
Pollhagen
Lüdersfeld
Nordsehl
Niedernwöhren
Lauenhagen
Stadthagen
Hespe
Helpsen
Seggebruch
Nienstädt
Obernkirchen
Bückeburg
Ahnsen
Bad Eilsen
Heeßen
Buchholz
Auetal
Luhden
Porta Westfalica
Bad Oeynhausen
Löhne
Rinteln
Hessisch Oldendorf
Vlotho
Herford
Bad Salzuflen
Kalletal
Weserberg
Extertal
Dörentrup
Aerzen
Lemgo
Lipper Bergland
Lage
Lipper Land
Barntrup
Bad Pyrmont
Lügde
Detmold
Blomberg
Schieder-Schwalenberg
Augustdorf
Horn-Bad Meinberg
Steinheim
Marien-münster
Schaumburger Wald
Bückeberge
0
10 km
186

D
E
F
Hohnhorst
Haste
Wunstorf-Kolenfeld
Seelze
B441
B6
Hannover
B442
Suthfeld
Südaue
Maschsee
B65
Beckedorf
Bad Nenndorf
B65
1
Hemmingen
Bad Nenndorf
Rodenberg
Gehrden
Ronnenberg
Laatzen
Barsinghausen
Messegelände
Apelern
Ihme
Laatzen
Lauenau
B3
B443
E30
Lauenau
Wennigsen (Deister)
Pattensen
Pohle
Messenkamp
Hülsede
Deister
Sarstedt
2
Springe
B217
Hamel
B442
Süntel
Bad Münder am Deister
Kleiner Deister
Haller
Nord-stemmen
B1
Osterwald
Hameln
B1
Aue
Coppenbrügge
Elze
Leine
Betheln
3
Despetal
Gronau (Leine)
Remte
Eime
Weser
Salzhemmendorf
Banteln
Rheden
Eberholzen
Ilse
Emmerthal
Brüggen
Marienhagen
Ith
Külf
Sieben Berge
B3
Land
B83
Weenzen
Hoyershausen
B240
Duingen
Heyen
4
Halle
Saale
Alfeld (Leine)
Hehlen
Coppengrave
Dielmissen
Bodenwerder
Kirchbrak
Lenne
Lüerdissen
Ottenstein
Delligsen
Vogler
Eschershausen
Holzen
Selter
Pegestorf
Wörmke
Vahlbruch
Brevörde
Holenberg
Hils
Wispe
Weser
Golmbach
B64
Forstbach
Lenne
Polle
Stadtoldendorf
Eimen
5
Heinsen
Negenborn
Arholzen
Elfas
Wangeln-stedt
Bevern
Beverbach
Deensen
Holzminden
Solling
Heinade
187
B3
D
B497
E
F

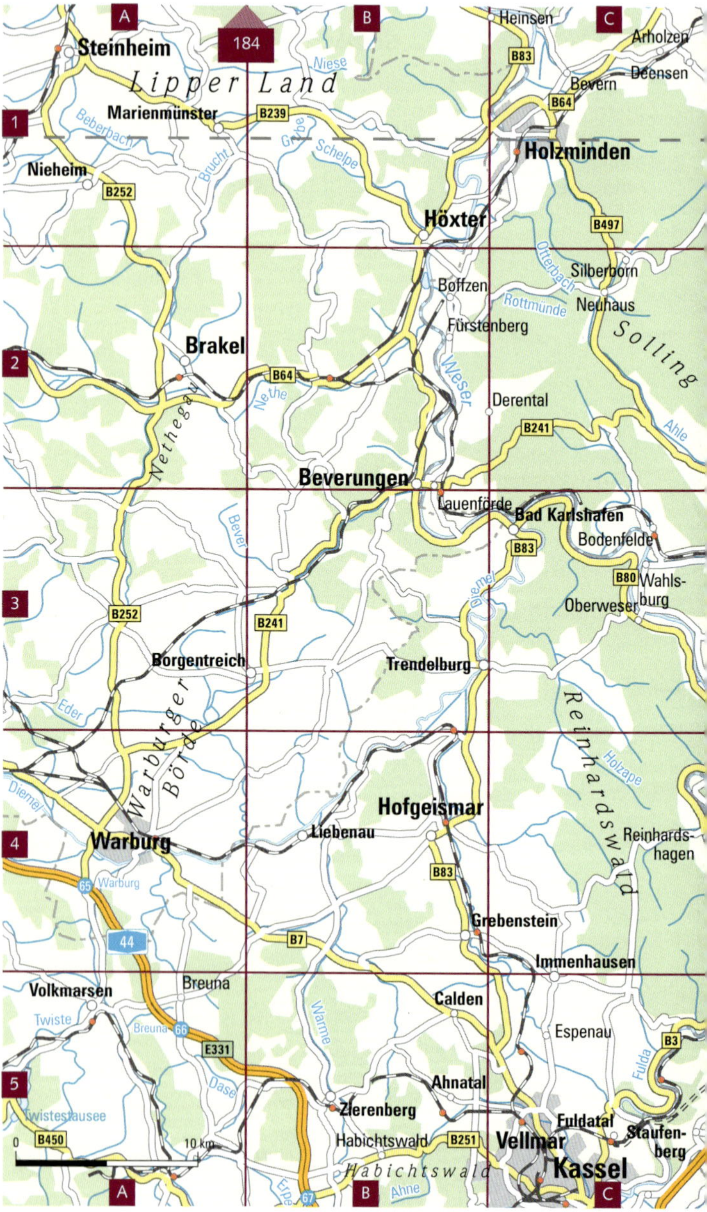

A
B
C
184
1
2
3
4
5
Steinheim
Lipper Land
Marienmünster
Niese
B239
Beberbach
Nieheim
B252
Brucht
Grube
Schelpe
Heinsen
Arholzen
B83
Deensen
Bevern
B64
Holzminden
Höxter
B497
Otterbach
Silberborn
Boffzen
Rottmünde
Neuhaus
Fürstenberg
Solling
Brakel
B64
Nethe
Weser
Derental
B241
Ahle
Nethegau
Beverungen
Lauenförde
Bad Karlshafen
Bodenfelde
Bever
B83
B80
Wahlsburg
Diemel
Oberweser
B252
B241
Borgentreich
Trendelburg
Eder
Warburger Börde
Reinhardswald
Holzape
Hofgeismar
Diemel
Liebenau
Warburg
Reinhardshagen
65
Warburg
B83
44
Grebenstein
B7
Immenhausen
Volkmarsen
Breuna
Calden
Twiste
Warme
Espenau
Breuna
66
E331
B3
Fulda
Dase
Ahnatal
Zierenberg
Twistestausee
Fuldatal
0
B450
10 km
Habichtswald
B251
Vellmar
Staufenberg
Kassel
Habichtswald
Erpe
67
Ahne

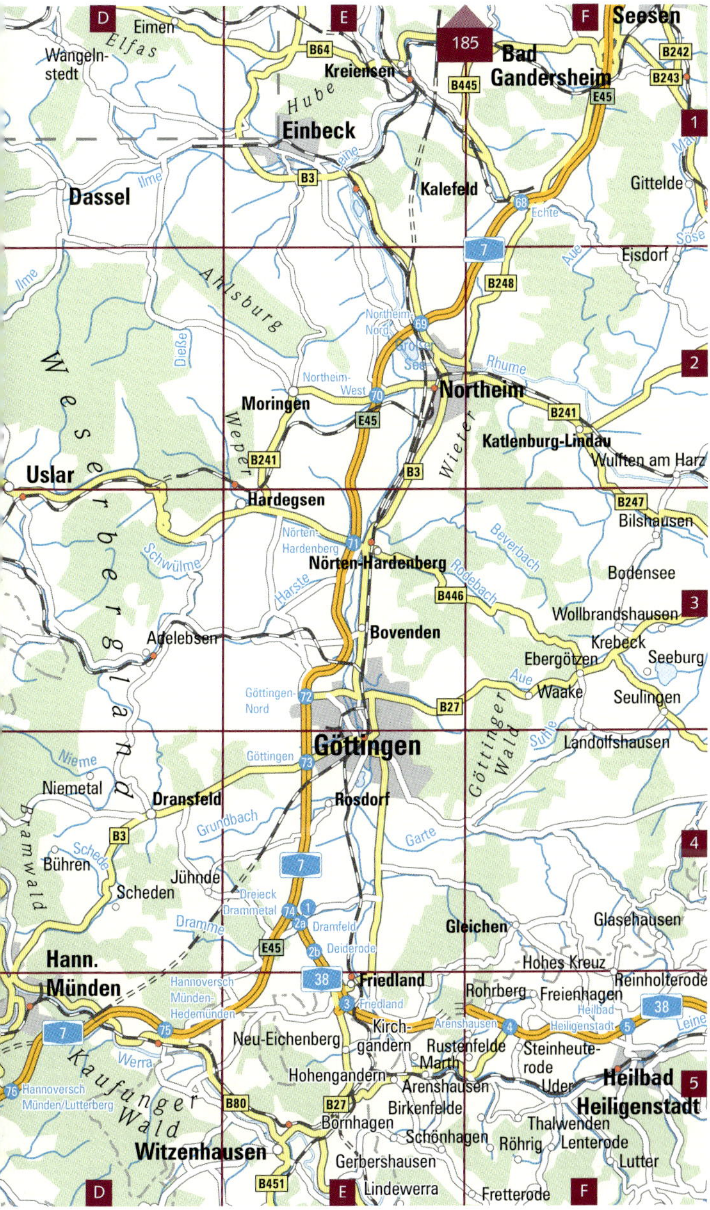
D
E
F
185
Seesen
Eimen
Elfas
Wangeln-
stedt
B64
Kreiensen
Bad
Gandersheim
B445
B242
B243
E45
Hube
Einbeck
1
Leine
B3
Dassel
Ilme
Kalefeld
Gittelde
68
Echte
Söse
7
Eisdorf
Aue
Ilme
Ahlsburg
B248
Northeim-
Nord
69
Großer
See
Dieße
Rhume
2
Weserbergland
Northeim-
West
70
Northeim
Moringen
E45
B241
Weper
Katlenburg-Lindau
Wulften am Harz
B241
B3
Wieter
Uslar
Hardegsen
B247
Bilshausen
Nörten-
Hardenberg
71
Beverbach
Schwülme
Nörten-Hardenberg
Rodebach
Bodensee
Harste
B446
3
Wollbrandshausen
Bovenden
Adelebsen
Krebeck
Ebergötzen
Seeburg
Aue
Waake
Göttingen-
Nord
72
B27
Seulingen
Göttinger
Wald
Suhle
Landolfshausen
Göttingen
73
Göttingen
Nieme
Niemetal
Dransfeld
Rosdorf
Bramwald
Grundbach
B3
Garte
4
Bühren
Schede
7
Jühnde
Scheden
Dreieck
Drammetal
74
1
Dramme
2a
Dramfeld
Gleichen
Glasehausen
E45
2b
Deiderode
Hohes Kreuz
Hann.
Münden
38
Friedland
Rohrberg
Freienhagen
Reinholterode
Hannoversch
Münden-
Hedemünden
3
Friedland
Heilbad
Heiligenstadt
38
Kirch-
gandern
Arenshausen
4
5
Leine
7
75
Neu-Eichenberg
Rustenfelde
Steinheute-
rode
Werra
Marth
Kaufunger
Wald
Hohengandern
Arenshausen
Uder
Heilbad
Heiligenstadt
5
76
Hannoversch
Münden/Lutterberg
B80
B27
Birkenfelde
Bornhagen
Thalwenden
Schönhagen
Röhrig
Lenterode
Witzenhausen
Gerbershausen
Lutter
B451
Lindewerra
Fretterode
D
E
F

Bildnachweis

Titelbild: Weser-Skywalk
Foto: Frank Grawe

Annemete von Vogel 124
Bad Pyrmont Tourismus GmbH 79, 80, 81, 82
Dassel/Ulrich Freter 10, 14, 16, 17, 28, 63, 64, 65, 66
Dieter Stumpe 5
Evelyn Ewe 168, 170
Flecken Coppenbrügge 151
Flecken Salzhemmendorf 85
Frank Hebestreit 1, 4, 169
Hameln Marketing und Tourismus GmbH Klappe vorn, 22, 25, 87, 166
IKON Design- & Werbeagentur GmbH 107, 108
Jens Hornung 164
Jens König 98, 100, 101, 176, 177
Kerstin Roscher 96
KHKöster Bremen 181
Kulturkreis Covery GmbH/Peter Knaup 55
Kur- und Tourismusgesellschaft Staatsbad Nenndorf Gmbh 123, 125
Kur- und Touristik-Information Bad Karlshafen 41, 44
Kurt Gilde 102, 104, 172, 173
Lüdge Marketing e.V. 77, 144
Minden Marketing GmbH 112, 113, 114
Oliver Jürgens 76
Porzellanmanufaktur Fürstenberg 52
Samtgemeinde Bodenwerder-Polle 6, 23, 24, 26, 27, 74
Sigurd Elert 59, 160, 161
Staatsbad Bad Oeyenhausen GmbH/Werner Krüper 110, 111
Stadt Hofgeismar 12, 37
Stadt Holzminden 60, 61
Stephan Berg 165
Thomas Henning 31
Tourist-Information Bad Münder 92, 93, 94
Tourist-Information Bückenburg 116, 117, 118
Tourist-Information Springe 95
Tourist-Information Uslar 46, 130, 131, Rückseite
Touristik-Information Einbeck 67, 68
Touristik Naturpark Münden e.V. 32
Tourist Information Beverungen/H.-J. Sander 49, 50, 156, 157, 158
Touristinformation Stadthagen 120, 122
Touristinformation Stadtoldendorf/ Sebastian Rustenbach 20, 71, 73
Trendelburg/Harald Schmidt 8, 29, 39

Projektleitung: Heinz Nettsträter, Felix Schädler
Autor: Matthias Hartmann
Redaktion: Sandra Olschewski, Sebastian Hellmann,
PUBLICPRESS Publikationsgesellschaft mbH
Thilo Kreier, Cornelia Grömminger, ALPSTEIN Tourismus GmbH & Co. KG
Kartographie/Copyright: ALPSTEIN Tourismus GmbH & Co. KG
Kartengrundlage: ALPSTEIN Tourismus GmbH & Co. KG
Geoinformation © Vermessungsverwaltungen der Bundesländer und BKG (www.bkg.bund.de)
Bildnachweis: Seite 191
Gestaltung: Ingo Mrozek, PUBLICPRESS Publikationsgesellschaft mbH

Der Reiseführer Weserbergland ist eine Gemeinschaftsproduktion der PUBLICPRESS Publikationsgesellschaft mbH, 59590 Geseke und der ALPSTEIN Tourismus GmbH & Co. KG, 87509 Immenstadt.
Alle Angaben dieses Reiseführers wurden vom Autor und den Redaktionen mit größter Sorgfalt recherchiert, aktualisiert und überprüft. Für die Richtigkeit der Angaben kann jedoch keine Verpflichtung oder Haftung übernommen werden. Wir weisen darauf hin, dass diese Angaben häufig Veränderungen unterworfen sind und inhaltliche Fehler oder Auslassungen nicht vollkommen auszuschließen sind.

Liebe Leserinnen, liebe Leser,
haben Sie Ergänzungen, Tipps oder Verbesserungsvorschläge zu diesem Buch? Dann schreiben Sie uns bitte:
PUBLICPRESS Publikationsgesellschaft mbH,
Redaktion, Mühlenstraße 11, 59590 Geseke
Internet: www.publicpress.de, E-Mail: reisefuehrer@publicpress.de
Printed in Germany
1. Auflage 2013, ISBN 978-3-89920-807-8

Ihre Reiseführer für den nächsten Urlaub:

Allgäu	ISBN 978-3-89920-999-0	**€ 9,95**
Altmühltal und Fränkisches Seenland	ISBN 978-3-89920-806-1	**€ 9,95**
Biosphärenreservat Bliesgau	ISBN 978-3-89920-810-8	**€ 9,95**
Bodensee	ISBN 978-3-89920-991-4	**€ 9,95**
Chiemgau	ISBN 978-3-89920-990-7	**€ 9,95**
Eifel	ISBN 978-3-89920-997-6	**€ 9,95**
Gardasee	ISBN 978-3-89920-992-1	**€ 9,95**
Harz	ISBN 978-3-89920-998-3	**€ 9,95**
Mallorca	ISBN 978-3-89920-995-2	**€ 9,95**
Nordseeküste – Niedersachsen	ISBN 978-3-89920-812-2	**€ 9,95**
Bayerisches Oberland – Zw. München u. Zugspitze	ISBN 978-3-89920-811-5	**€ 9,95**
Ostseeküste – Mecklenburg-Vorpommern	ISBN 978-3-89920-996-9	**€ 9,95**
Ostseeküste – Schleswig-Holstein	ISBN 978-3-89920-804-7	**€ 9,95**
Pfalz	ISBN 978-3-89920-803-0	**€ 9,95**
Ruhrgebiet	ISBN 978-3-89920-802-3	**€ 9,95**
Sächsische Schweiz – Elbsandsteingebirge	ISBN 978-3-89920-801-6	**€ 9,95**
Sauerland	ISBN 978-3-89920-993-8	**€ 9,95**
Schwäbische Alb	ISBN 978-3-89920-805-4	**€ 9,95**
Schwarzwald	ISBN 978-3-89920-994-5	**€ 9,95**

Foto: Udo Sodeikat / pixelio.de

www.publicpress.de